NINO DE ANGELO

GESEGNET UND VERFLUCHT

NINO DE ANGELO

GESEGNET UND VERFLUCHT

Dein Gegner bist immer du selbst

riva

Bibliografische Information der Deutschen Nationalbibliothek
Die Deutsche Nationalbibliothek verzeichnet diese Publikation in der Deutschen Nationalbibliografie. Detaillierte bibliografische Daten sind im Internet über http://dnb.d-nb.de abrufbar.

Für Fragen und Anregungen
info@rivaverlag.de

Wichtiger Hinweis
Ausschließlich zum Zweck der besseren Lesbarkeit wurde auf eine genderspezifische Schreibweise sowie eine Mehrfachbezeichnung verzichtet. Alle personenbezogenen Bezeichnungen sind somit geschlechtsneutral zu verstehen.

Originalausgabe
3. Auflage 2021

Türkenstraße 89
80799 München
Tel.: 089 651285-0
Fax: 089 652096

Unter Mitarbeit von Mario Weidemann
Lektorat: Christiane Geldmacher
Umschlaggestaltung: Marc-Torben Fischer
Umschlagabbildung: Franz Schepers / Sony Music Entertainment Germany GmbH
Layout und Satz: Andreas Linnemann
Druck: GGP Media GmbH, Pößneck
Printed in Germany

ISBN Print 978-3-96775-032-4
ISBN E-Book (PDF) 978-3-96775-033-1
ISBN E-Book (EPUB, Mobi) 978-3-96775-034-8

Weitere Informationen zum Verlag finden Sie unter

www.rivaverlag.de

Beachten Sie auch unsere weiteren Verlage unter www.m-vg.de

Dieses Buch ist für all die
wunderbaren Frauen da draußen.
Sie zeigen uns den Himmel
und sie schicken uns in die Hölle.

INHALT

VORWORT

Ich muss gestehen, dass ich manchmal meine Freunde beneide, die gegangen sind. Sie müssen sich nicht mehr mit all dieser irdischen Kacke herumschlagen, die wir hier unten Tag für Tag erleben. Ich habe mein Leben lang nie verstanden, was der da oben mit mir vorhat. Immer dann, wenn es aufwärts ging und ich dachte: »Jetzt läuft's!«, kam der nächste Dämpfer. Wie so ein Faustschlag aus dem Nichts, der einen brutal und ohne Vorwarnung niederstreckte. Trotzdem bin ich immer wieder aufgestanden. Mein Vater hat mir beigebracht, niemals aufzugeben. Er sagte: »Such dir etwas, das dir Halt gibt, und zieh dich daran raus aus dem Dreck.« Dieser Halt ist meine Musik.

Wenn ich über mein Leben nachdenke, dann wäre es unfair, mich zu beschweren. Ich bin so oft durch die Hölle gegangen, dass es für drei Leben reichen würde, aber ich wurde gleichzeitig auch beschenkt. Ich verdiente Millionen, fuhr Porsche und Ferrari, hatte eine Finca auf Mallorca. Und dennoch war ich zwischendurch so arm, dass ich mir nicht mal was zu essen leisten konnte. Ich hatte Freunde, die auf mich aufpassten, mich immer wieder aus der Scheiße zogen. Und ich hatte »Freunde«, die mich zuvor in genau diese Scheiße geritten hatten.

Obwohl ich es längst besser wissen müsste, bin ich jemand, der schnell vertraut. Vielleicht zu schnell. Ich glaube an das Gute im Menschen. Das mag ein Fehler sein, wie es die Vergangenheit zu oft gezeigt hat. Aber das macht mich nun mal aus. Viele mögen mich als naiv und leichtgläubig belächeln, und wahrscheinlich bin ich das auch. Vielleicht würde ich heute tatsächlich anders im Leben stehen, wenn ich in manchen Situationen mehr ein Arschloch gewesen wäre. Aber ich habe genug schlechte Menschen kennengelernt und ich bin froh, sagen zu können, dass ich nicht dazugehöre.

Ich bin überzeugt, dass einige im Vorfeld erwartet haben, dass ich in diesem Buch zum Rundumschlag aushole, so wie es in Biografien häufig gehandhabt wird. Aber ich bin kein Typ, der nachtritt. Erst recht nicht gegen die Menschen, die mir mal nahestanden. Ich war viermal verheiratet, habe mich viermal scheiden lassen. Geschichten darüber gibt es zur Genüge, doch nicht in diesem Buch. Denn diese Frauen waren mal Teil meines Lebens. Jetzt sind sie es nicht mehr und sie haben ein Recht auf ihre Ruhe. Das bin ich ihnen schuldig.

Dieses Buch bin ich. Das ist mein Weg, mit all seinen Stolpersteinen. Meine Tattoos auf den Händen beschreiben diesen verrückten »Trip des Lebens« wohl am besten. Auf meiner rechten Hand habe ich mir das Wort »Blessed« tätowieren lassen, auf meiner linken Hand das Wort »Cursed«. Eben: gesegnet und verflucht!

KAPITEL 1

ZURÜCK INS LEBEN

… ODER EINMAL HÖLLE UND RETOUR!

Das Ganze dauerte keine fünf Minuten. Von meiner Entscheidung, mich umzubringen, bis zu diesem Moment, als ich mit dem Springseil meines Sohnes auf dem Glastisch im Wohnzimmer stand. Das Seil hatte ich über mir um einen Balken an der Decke gelegt, danach eine Schlinge um meinen Hals gezogen. Ich tat das wie in Trance. Es gab keinen Abschiedsbrief. Keine letzte Umarmung für meine beiden Kinder. Keine entschuldigenden Worte an meine damalige Frau, oder gar den Versuch einer Erklärung, dass sie ohne mich doch sowieso besser dran seien. Nichts. Nur diesen einen Entschluss, das Seil und den Tisch. Man sagt, dass in so einer Situation das ganze Leben an einem vorbeirausche, wie in so einem Film. Aber das ist Bullshit. Ich spürte nur diese verdammte Leere. Mir war zuvor schlagartig bewusst geworden, dass ich nicht nur meine Frau verloren hatte, sondern meine gesamte Familie. Dass ich zu einer untragbaren Belastung geworden war. Ballast wirft man am besten über Bord, heißt es. Also schloss ich die Augen, atmete ein letztes Mal tief durch und trat einen Schritt nach vorne …

Meine erste Ehe war zu diesem Zeitpunkt längst kaputt gewesen. Wir wollten es uns nur nicht eingestehen. Wir hatten unsere Kinder, das Haus. Wir hatten viel Gutes erlebt, aber auch jede

Menge Mist. Zu viel Mist. Meine Ex hatte immer wieder mit dem Gedanken gespielt, sich von mir zu trennen. Sie war es einfach leid, mir beim Saufen zuzusehen oder wie ich von einem Drogentrip zum nächsten rauschte. Ich war damals ziemlich heftig unterwegs. Dass ich Mitte der Neunziger gemeinsam mit Peter Maffay auf »Tabaluga«-Tournee ging, sollte uns zumindest eine kurze Verschnaufpause verschaffen. Wir hatten uns vor meiner Abreise mit einem riesigen Streit verabschiedet, aber danach war ich erst einmal drei Monate weg und die Wogen konnten sich ein bisschen glätten. Ich hegte sogar die leise Hoffnung, dass sie mir ein letztes Mal verzeihen würde. Auch wenn ich insgeheim wusste, dass mein Verhalten nicht mehr zu verzeihen war. Als ich wieder zu Hause war, standen wir vor den gleichen Problemen wie vor meiner Abreise. Und wäre nicht meine Krebsdiagnose dazwischengekommen, hätte sie sicherlich schon die Scheidung eingereicht.

Ich war gerade 32 Jahre alt, als es hieß: »Sie haben Lymphdrüsenkrebs.« Glückwunsch! Da werden selbst die größten Eheprobleme plötzlich klein und nebensächlich. Es kam das volle Programm: Bestrahlung, Kotzen, Schmerzen. Das einzige Tröstliche war, dass meine Frau und ich durch die Krebserkrankung noch einmal zueinander gefunden haben. Sie stand mir bedingungslos bei, wie ein unerschütterlicher Fels in der Brandung. Doch auch wenn ich ein Jahr später diesen Feind in meinem Körper besiegt hatte, stand ich letztendlich als Verlierer da. Ich wusste, dass ich meine Frau gehen lassen musste. Dass meine Ehe gescheitert war. Und meine Frau wusste es auch. Sie war während der Monate der Behandlung zu meiner Krankenschwester und Seelentrösterin geworden, aber sie war eben nicht mehr meine Frau. Ich bin mir sicher, dass von ihrer Seite zwar noch Liebe da war, aber eben nicht mehr genug, um daran festzuhalten.

Sie suchte sich damals Rat bei einem Eheberater oder Psychologen, ich weiß es ehrlich gesagt nicht mehr genau. Sie ging dort heimlich hin. Ich erfuhr erst davon, als sie mit unserer Situation nicht mehr zurechtkam und mir sagte, dass sie mich verlassen muss. Ich mache ihr bis heute keinen Vorwurf. Sie hat sich unsere Trennung wahrlich nicht leicht gemacht. Ich weiß noch, wie ich sie angefleht hatte, bitte nicht zu gehen. Aber sie hatte keine Wahl. Ich ließ ihr keine Wahl. Wenn sie bleiben würde, dann würde sie meinen Lebenswandel tolerieren, sagte sie. Dann sei sie eine Co-Süchtige, die mir helfe, meine Sucht zu dulden und sie in der Öffentlichkeit zu verschleiern. Das wolle sie nicht. Letztlich war es der Psychologe, der ihr zur Trennung riet. »Man muss ihn einfach fallen lassen«, erklärte er. Fallen lassen.

Vielleicht hatte ich genau deswegen den Strick gewählt. Es gibt schier unzählige Möglichkeiten, sich aus dem Leben zu verpissen. Autoabgase, Schlaftabletten, eine Überdosis. Manche rasen auch mit 250 Sachen gegen einen Baum. Aber sich erhängen? Heute weiß ich, dass ich wirklich fallen wollte. Weil ich dachte, ich hätte es verdient.

Und so griff ich an jenem besagten Morgen zu dem Springseil meines Sohnes.

Dabei hatte ich ja gerade erst den Krebs besiegt und hätte vor Lebenslust nur so sprühen müssen. Doch wenn du weißt, dass dich deine Frau verlassen und dass sie deine Kinder mitnehmen wird, versaut dir das ganz schnell die gute Laune. Bereits vor diesem Tag hatte uns die Vergangenheit eingeholt. Ich war längst in alte Verhaltensmuster zurückgefallen, hatte wieder angefangen zu trinken und mir jede Nacht mit meinen Kumpels um die Ohren gehauen. Frustsaufen vom Feinsten. So wie auch an diesem Morgen, als ich erst gegen acht Uhr nach Hause gekommen bin. Ich hatte mich absichtlich noch eine Weile bei einem Freund auf der Couch herumgedrückt, um zu warten, bis die Kinder in der Schule waren. Ich wollte nicht, dass sie mich in dem Zustand sehen. Das wollte ich nie. Es war kein schöner Anblick, dem eigenen Vater besoffen, angebimmelt und zugekokst zu begegnen. Meine Ex kannte diesen Anblick dafür zur Genüge. Und sie hasste es!

Da stand ich also vor ihr, voll auf Drogen und ziemlich heftig neben der Spur. Und es passierte, was passieren musste: Sie flippte aus! Meine Ex-Frau war niemals glücklich darüber gewesen, wenn ich mit Alkohol oder gar Kokain über die Stränge schlug. Ich weiß nicht, wie oft sie mich tränenüberströmt bekniet hat, bitte davon loszukommen. Aber dass ich mich nach meiner überstandenen Krebserkrankung so verantwortungslos selbst zerstörte, dafür hatte sie null Verständnis. Sie tobte und schrie. Sie warf mir vor, dass ich für alle nur eine Belastung sei, wenn ich so weitermache. An den Streit an sich erinnere ich mich nicht genau, dafür war ich zu sehr im Nebel. Aber ihre Worte: »Du bist eine Belastung« hämmerten sich in mein Gehirn.

Nach diesem Streit ist meine Ex im Bad verschwunden und ich saß alleine im Wohnzimmer. Zuerst starrte ich nur wie versteinert ins Leere. »Ich bin eine Belastung«, schoss es mir wieder und wieder durch den Kopf. Dann sah ich den schweren Holzbalken an der Decke und wusste, was zu tun war: »Ich mache dem Ganzen ein Ende. Punkt!« Ich wollte für meine Familie, die ich über alles liebe, keine Belastung sein. Nie wieder. Ich wollte einfach vom Erdboden verschwinden. Das berühmte Loch graben, in dem man versinkt. In diesem Moment musste ich mir schmerzlich eingestehen, versagt zu haben. Ich hatte es nicht geschafft, von den Drogen loszukommen, trotz meiner Therapien. Nicht geschafft, meine Ehe zu retten. Ich war am absoluten Tiefpunkt. Orientierungslos irrte ich durch sämtliche Räume, durch die Küche, den Flur, durchs Kinderzimmer. Im Zimmer meines Sohnes lag dann dieses weiße Springseil mit den bunten Holzgriffen. Kurzerhand nahm ich es, dachte an den Balken, und stellte mich auf den Wohnzimmertisch. Es war ein Glastisch aus grünem Milchglas, ein Designertisch. So würde ich wenigstens mit Stil abtreten. Ich machte das Seil fest, legte es mir um den Hals, drehte mich um die eigene Achse … und ließ mich fallen. Dann wurde mir schwarz vor Augen.

Dass ich überhaupt noch lebe, verdanke ich meiner damaligen Frau. Ob es Zufall war oder Schicksal, dass meine Ex genau rechtzeitig aus dem Badezimmer kam, das frage ich mich noch heute. Sie war stinksauer auf mich, warum also sollte sie nach mir sehen? Noch hatte ich trotz der Kurzschlussreaktion sicherlich nicht so viel Lärm gemacht, als dass sie mich hätte hören können. Auch ist es mir im Nachhinein ein Rätsel, wie sie es schaffte, so schnell das Seil durchzuschneiden. Es sollte wohl so sein. Das Nächste, was ich gespürt habe, waren zwei dumpfe Schläge. Den ersten Schlag, als ich mit dem durchschnittenen Seil mit dem Kopf auf die Tischplatte krachte, den zweiten, als ich damit auf den Boden kam.

Und endlich kam die Luft zurück. Ich lag auf dem Boden mit weit aufgerissenen Augen und schnappte mit einem Aufschrei wieder nach Luft. Anfangs panisch hechelnd, dann wurde meine Atmung tiefer. Je mehr die Panik verschwand, desto mehr bekam ich Luft. Wie knapp ich dem Tod entgangen war, wurde mir erst später bewusst, als ich an mir runtersah und merkte, dass ich mich vollgepinkelt hatte. Ich habe später erfahren, dass das normal ist. Dass mit dem Tod sich sämtliche Körperöffnungen entleeren. Ich war wirklich schon halb im Jenseits gewesen. Wäre meine Frau wohl ein paar Sekunden später gekommen, ich wäre mit Sicherheit nicht mehr aufgewacht.

Meine Frau war, welche Überraschung, sauer. Sie war sogar sehr sauer. In ihren Augen konnte ich kein Mitleid erkennen oder gar Sorge um mich, sondern nur blinde, verständnislose Wut. Sie schickte mich unter die Dusche und erklärte mit Worten, die keine Widerrede zuließen, dass ich das Chaos beseitigen solle, bevor die Kinder nach Hause kommen. Sie bräuchten das nicht zu erfahren. Wir haben das tatsächlich niemandem erzählt. Nur meine Frau und ich wussten von dem Vorfall. Sowieso war meine Ex stets darauf bedacht, den guten Schein nach außen zu wahren. Hauptsache Friede, Freude, Eierkuchen herrschte im Hause Angelo. Alles, was ansatzweise nicht in Ordnung war, wurde hinter verschlossenen Türen geregelt. Trotz höllischer Kopf- und Halsschmerzen bin ich genau deshalb nicht zu einem Arzt gegangen, aus Angst, er würde den Selbstmordversuch sofort erkennen. Die typischen Striemen am Hals waren unverkennbar. Suizidversuche werden der Polizei gemeldet. Dann wäre es unmöglich gewesen, die Sache zu vertuschen. Also blieb ich zu Hause, trug Schal und Halstuch. Und ich versuchte, mir vor den Kindern nichts anmerken zu lassen. Das war das Schwierigste.

In den folgenden Tagen fiel es mir nicht leicht, in den Spiegel zu schauen. Ich konnte jedem auf der Welt etwas vormachen, aber dein Spiegelbild lügt nicht. Meine Wunde am Hals zeigte mir auf brutalste Art und Weise, was ich gemacht hatte. Dass aus einer Kurzschlussreaktion ein Suizidversuch geworden war. Dass ich eigentlich hätte tot sein müssen. In diesem Moment wurde mir klar, dass mein Leben so nicht weitergehen konnte. Und mir war bewusst, dass ich meinen weiteren Weg erst einmal alleine gehen musste. Dass sich meine Ex nach dieser Aktion von mir trennen würde. Die Nummer war zu viel für sie. Falls vor meinem Suizidversuch ein Rest Nähe zwischen uns gewesen war, war davon nichts mehr zu spüren. Durch meine Dummheit hatte sie sich unendlich weit von mir entfernt und jeglichen Respekt vor mir verloren. Kurz darauf folgte der offizielle Schlussstrich. Die klassische Schuldfrage haben wir uns nie gestellt, weil es ganz offensichtlich war, wer das Ehe-Aus verursacht hat. Ich habe mir eine Wohnung gesucht und bin ausgezogen.

Ich habe lange mit mir gehadert, ob ich diese Geschichte überhaupt so detailliert erzählen soll, ob das nicht zu demütigend oder zu entwürdigend ist. Aber genau dieser Fall, dieser tiefste Punkt in meinem Leben, ließ mich letztlich erkennen, was es bedeutet, leben zu dürfen. Ich war bereit, mich dieser zweiten Chance zu stellen, mit allen Konsequenzen, die da auf mich zukommen würden. Ich habe mir gesagt: »Okay, da musst du durch. Du kannst dich nicht einfach vom Acker machen.« Das wäre natürlich am leichtesten gewesen, aber ich habe mich dann entschieden zu leben, egal was kommt.

Vor allem, weil es schon das zweite Mal war, dass mir das Schicksal eine zweite Chance geschenkt hatte. Nämlich 14 Jahre zuvor, mit 19, als ich meinen weißen Porsche mit Vollgas und Leichtsinn ins Jenseits befördert hatte, und mich beinahe mit. Es war 1982. Ich hatte gerade mit »Ich sterbe nicht nochmal« meinen ersten großen Hit in den Top 20 der Charts gelandet und fühlte mich schon wie ein kleiner König. Und was machst du, wenn du 19 bist und auf einmal einen Haufen Geld hast? Richtig, du erfüllst dir deinen Traum. Ich habe mir seit jeher einen Porsche gewünscht. Ich weiß noch genau, wie ich ein Jahr zuvor – also mit 18 – bei einem Porschehändler vor dem Schaufenster stand und mir die Nase an der Scheibe platt gedrückt habe. Damals schien es mir unendlich fern, jemals einen solchen Wagen fahren, geschweige denn kaufen zu können. Ich wusste nur eines: »Eines Tages werde ich so ein Auto haben.« Das war mein Ziel. Und als schließlich das erste Geld aufs Konto flatterte, bin ich direkt los und besorgte mir einen gebrauchten 911er in strahlendem Weiß für damals 50 000 DM. Ich erinnere mich noch genau, wie ich mit dem Zug nach Bonn gefahren bin, mit einer Tasche voller Geld. Es war ein privater Verkauf, aus erster Hand. Zurück nach Köln bin ich dann das erste Mal Porsche gefahren. Es war ein Gefühl wie fliegen.

Dass ein Porsche nicht unbedingt das passende Fahrzeug für einen Fahranfänger ist, hätte ich mir denken können. Diese Schnelligkeit, die direkte Lenkung. Ein Porsche reagiert blitzschnell, aber er verzeiht keine Fehler. Diejenigen in meinem Bekanntenkreis, die selbst einen Porsche fuhren, hatten mich davor gewarnt. Aber wer nicht hören will, der muss fühlen. Manchmal auf die schmerzhafte Tour. So wie eben in jener Nacht am 24. September. Ich war auf dem Rückweg nach Köln von einem Discotheken-Auftritt in Herne. Es war morgens um drei, die Straßen waren leergefegt, ich dagegen noch völlig aufgekratzt von meinem Konzert. Im Tunnel der Stadtautobahn in Köln ist es dann passiert. Was soll ich sagen: Mir ist bei 250 Sachen das Talent ausgegangen! Vor mir lag eine leichte Kurve, die ich im Rennfahrerstil meistern wollte. Von rechts außen nach links innen. Schön mit Vollgas, bei angeschlagener Tachonadel. Easy going, wenn dir die Autobahn alleine gehört. Doch plötzlich tauchte vor mir auf dem Mittelstreifen ein anderes Fahrzeug auf, irgend so ein Golf war das. Genau dann, als ich nach innen ziehen wollte. Also musste ich gezwungenermaßen auf der Außenspur bleiben und ihn zuerst überholen. Mit 250 Sachen wohlgemerkt. Hätte ich die Nerven behalten und tapfer weiter aufs Pedal gedrückt, wäre nichts geschehen. Dann wäre ich wie ein weißer Pfeil um diese Kurve geschossen. Doch mit 19 fehlt dir diese Coolness. In dem Moment, als ich, nach außen abgedrängt, die Fahrbahnbegrenzung berührte, bekam ich Panik – und bin daraufhin voll in die Eisen gestiegen. Ein Kardinalfehler in einem Porsche. Wer bremst, verliert. Das trifft auf Porsche-Fahrer besonders zu. Kaum stand ich auf der Bremse, brach das Heck aus. Das Auto drehte sich mehrfach, schlug links und rechts in die Leitplanke ein. Ganz ehrlich, ich dachte: »Das war's!« Ich weiß noch, wie ich das Lenkrad mit beiden Händen umklammert habe, mich geduckt habe und mit dem rechten Bein auf der Bremse und mit dem anderen auf der Kupplung stand. Aber dieses Auto kam einfach nicht zum Stehen. Bis es sich schließlich in der Leitplanke verkeilte. Zeugen berichteten später von einem ohrenbetäubenden Knirschen. So wie es eben klingt, wenn ein Sportwagen in wenigen Millisekunden zu einem Blechknäuel zusammengedrückt wird. Alles an diesem Porsche war Schrott. Die Motorhaube weggerissen, der Kotflügel zerfetzt, die Fahrertür ins Wageninnere gedrückt. Allein die Bremsspur zog sich über 200 Meter. Einer dieser Horrorunfälle, die bei jedem Autofahrer für Gänsehaut sorgen. Weil man so einen Crash schlicht nicht überlebt. Aus so einem Wrack wird man tot geborgen. Vom Sportwagen direkt in den Leichenwagen.

Doch nicht in dieser Nacht.

Aus meiner Fahrertür kam ich nach dem Unfall nicht heraus, die war komplett zertrümmert, darum bin ich aus der Beifahrertür rausgeklettert. Äußerlich völlig unverletzt. Und das, obwohl ich nicht mal angeschnallt gewesen war. Zu dieser Zeit gab es nämlich noch keine Anschnallpflicht. Der Taxifahrer, der diesen Unfall als nachfolgendes Auto live miterlebte und anschließend die Polizei alarmierte, sprach von einem »Wunder«. Einen Krankenwagen wollte ich nicht, ich hatte gesagt, es gehe mir gut. Ich machte auf dem Revier brav meine Aussage, ließ mich nach Hause fahren und fiel völlig erschöpft ins Bett. Am nächsten Tag wurde ich natürlich eines Besseren belehrt. Mir ging es nämlich überhaupt nicht gut. Ich fühlte mich, als ob ich verprügelt worden war. Ich hatte eine verdammt starke Schädelprellung, weil ich mit meinem Kopf das Seitenfenster von meiner Tür eingeschlagen habe. Also, ich muss da mehrere Male dagegen geknallt sein, bis die Scheibe gebrochen war. Dazu taten mir sämtliche Knochen weh.

Wie viel Schutzengel ich in dieser Nacht an meiner Seite hatte, wurde mir erst klar, als ich mir das Auto bei Tageslicht ansah. Mein Porsche war abgeschleppt worden und stand wie ein zerbeultes Elend auf dem Parkplatz einer Werkstatt. Sogar das Lenkrad war verbogen, genau wie die Pedale. Mein Porsche hatte einen Restwert, besser gesagt einen Schrottwert, von 6000 DM. Eine Woche zuvor hatte ich noch 50 Riesen dafür geblecht. Man kann sich nicht vorstellen, wie zertrümmert dieses Auto war. Ich weiß bis heute nicht, warum ich in dieser Nacht nicht draufgegangen bin. Wieso andere bei so einem Unfall sterben und ich nicht mal eine Platzwunde davontrug.

Umso mehr feierte ich mein Überleben wie einen zweiten Geburtstag. Mir wurde klar, dass das Leben jeden Tag zu Ende sein kann. Also fing ich an, eben jeden Tag so zu feiern, als wäre es in der Tat mein letzter. Ich beschloss, das Leben fortan zu genießen, in vollen Zügen. Dass die Feierei mir eines Tages zum Verhängnis werden sollte, ahnte ich damals noch nicht. Wie auch? Ich fühlte mich unbesiegbar.

Und ich war unbelehrbar. Kaum wurde der Porsche in Zahlung gegeben und mir zudem der Restwert von der Versicherung erstattet – ich war zum Glück vollkaskoversichert – kaufte ich mir den nächsten Porsche 911. Wieder in Weiß. Und wieder ging's nur ein paar Tage später mit Karacho über die Autobahn, dieses Mal nach Hamburg. Ich war dort mit meinem Produzenten verabredet für die Aufnahmen von »Jenseits von Eden«, beziehungsweise für den Song, der später »Jenseits von Eden« heißen sollte. Wir hatten das Demotape von Drafi Deutscher bekommen, allerdings auf Englisch. »Guardian Angel« hieß das Lied. Wir trafen uns in Hamburg, um die deutsche Version aufzunehmen. Einen Text hatten wir noch nicht. Und als ich mit meinem neuen Porsche um die Ecke kam, meinte mein Produzent Joachim Horn-Bernges nur kopfschüttelnd: »Junge, du fährst dich irgendwann noch tot mit diesen Raketen. Dann endest du wie James Dean.«

James Deans größter Filmerfolg hieß »Jenseits von Eden«.

Die Parallelen zwischen James Dean und mir waren damals wahrlich erschreckend. James Dean war 24, als er sich mit seinem silbernen Porsche 550 Spyder aus dem Leben schoss. Ich war bei meinem Unfall nur unwesentlich jünger. Er hatte mit »Giganten« seinen Kinohit abgedreht, ich mit »Ich sterbe nicht nochmal« meinen ersten Hit gelandet. Er war zu schnell. Ich war zu schnell. Sein Porsche war ein Wrack, meiner ebenso. Aber er starb, ich lebte weiter. Dennoch ließ mich dieses Bild nicht mehr los.

Gemeinsam mit Joachim Horn-Bernges schrieb ich dann den Text zu »Jenseits von Eden«.

Lass uns jeden Tag das Leben endlos spüren.
Und uns niemals uns're Ehrlichkeit verlieren.
Wenn uns gar nichts mehr zusammenhält,
verlöscht vielleicht das letzte Licht der Welt.

In dem Moment, als wir diesen Song fertig hatten, wussten wir alle: Wir haben einen Riesenhit. Der Song, der Text und meine Stimme – das passte. Es war glasklar, dass das funktionieren würde.

Am 21. November 1983 stieg ich mit »Jenseits von Eden« in die Charts ein, acht Wochen später war ich damit in Deutschland, Österreich und der Schweiz auf Platz 1. Ich bin damals gegen die Neue Deutsche Welle und gegen Nena angerannt und hab alles platt gewalzt. Es war nicht einfach ein Erfolg, es war ein Mega-Erfolg. Heute weiß ich: Es war sogar mein größter Erfolg. Denn danach ging es nur noch bergab. Die pure Ironie des Schicksals. Der Porsche konnte mich nicht umbringen. Das Springseil meines Sohnes auch nicht. Selbst der Krebs besiegte mich nicht. Nur das Leben selbst prügelte mich von diesem Tag an windelweich. Und das gefühlt täglich.

TIPP 1

Als ich beschloss, dieses Buch zu schreiben, wollte ich nicht bloß eine reine Autobiografie veröffentlichen. Ich wusste, dass ich für dieses Buch noch einmal durch die verfluchte Hölle meines Lebens gehen muss. Darum wollte ich auch eine Art Lebensratgeber hinterlassen, mit Tipps, wie man nicht vor die Hunde geht. Wer weiß das schließlich besser als ich?! Als ich das erste Mal knapp dem Tod entging, war ich auf dem Höhepunkt meines Erfolgs. Beim zweiten Mal auf dem absoluten Tiefpunkt. Beides habe ich überlebt. Wenn ich durch diese Erlebnisse eines gelernt habe: Du bist im Leben selbst dein größter Gegner. Es geht nicht darum, diesen Gegner zu besiegen, sondern dich möglichst lange im Ring zu halten, ohne dass jemand das weiße Handtuch wirft. Hätte es früher Wetten gegeben, ob ich heute noch in diesem Ring stünde, die meisten hätten ihren Einsatz verloren. Ich bin wahrlich nicht stolz darauf, dass ich vom Leben so oft auf die Bretter geschickt wurde. Aber ich bin stolz darauf, dass ich immer wieder aufgestanden bin. Ich wurde angezählt, manchmal auch bis neun – aber niemals besiegt.

KAPITEL 2

PLÖTZLICH MILLIONÄR

VON DER PIANOBAR ZUR CHARTSPITZE

Der Jazz hat in Köln eine lange Tradition. Ende der Siebziger gab es unglaublich charmante Pianobars, in der jede Menge großartige Künstler auftraten. Hier ein Flügel in der Ecke, dort ein paar Loungemöbel, schummriges Licht, qualmende Zigaretten, Aschenbecher. Es war eine geile Zeit für Künstler. Vielleicht die schönste Zeit überhaupt. Weder wurde Musik gestreamt noch gab es Handys. Wer gute Musik hören wollte, ging in eine Pianobar. Ich war damals 15 und hatte von der Musikszene keine Ahnung. Ich wusste nur, dass ich singen kann und singen will. Allerdings wurde ich von den Besitzern anfangs nur belächelt und vertröstet. »Wenn Pause ist, dann reden wir mal darüber«, hieß es. Ernst genommen hatte mich damals niemand. Und ich kann es ihnen ja nicht mal verdenken. Ich meine, da steht so ein schmächtiger Italiener, mehr Kind als Mann, und will in einem Nachtclub singen. Ich hätte mich wohl auch weggeschickt.

Meinen ersten Auftritt hatte ich schließlich in einem persischen Restaurant namens »Caspian«. Ich war zwar dankbar, dass ich überhaupt vor Publikum singen durfte. Aber ich wusste, dass es mehr geben muss als eine Bühne zwischen Kabab-Spießen und Safranreis. Ich war ehrgeizig und ich hatte wirklich was drauf, trotz meines jungen Alters. Also nahm ich meinen ganzen

Mut zusammen und bin eines Nachmittags in die Pianobar namens »Le Grec« gegangen. Das war so ein neuer Laden in der Altstadt von Köln, auf den Ringen, nicht mal einen Kilometer von »Der Taste« entfernt. Ich weiß noch, dass dort im »Le Grec« ein wahnsinnig guter Pianist spielte. Er hieß John Fisher und kam aus den USA. Ich fand das damals so geil, einen echten Ami kennenzulernen. Ich kam ja ursprünglich aus einer Kleinstadt namens Bretten bei Karlsruhe und dieser Typ eben aus den Staaten. Was für Welten! Fisher war witzig und ein bisschen spießig. Und er war ein Genie am Klavier. Also bin ich während den Proben hin und habe ihm etwas vorgesungen. Fisher war total begeistert und hat mich sogleich für denselben Abend eingeladen. Er meinte: »Komm vorbei, und zeig allen, was du kannst.«

Zu dieser Zeit trat in der Pianobar auch ein gewisser Andrew Freddie Thomas auf. Damals noch völlig unbekannt, erst später startete er mit dem Trio »Bad Boys Blue« durch. Andrew hatte die Band mit John McInerney und Trevor Taylor gegründet. Und dieser Typ war schon eine Erscheinung. Ein hipper Afroamerikaner mit Vollbart und Dreadlocks. Bei ihm schwang bei jedem Satz dieses »New-York-Broadway-Feeling« mit. Er rockte den Laden mit Songs wie »Hit the Road, Jack«. An unser erstes Gespräch erinnere ich mich noch, als wäre es gestern.

Er zu mir: »What the hell do you want here?«
Ich: »Ich möchte singen!«
Er zu mir: »I'm a professional singer.«
Ich: »Ja, angenehm!«

Ich muss heute noch über diese skurrile Szene lachen. Da stand dieser gestandene Mann vor mir halbem Kind und machte einen auf dicke Hose, so nach dem Motto: »Ich bin hier der Profi und du bist ein Nichts.« Dass ich an diesem Abend dennoch auftrat, hat ihm ganz und gar nicht gepasst. Zuerst war er dagegen, weil er dachte, ich würde ihm die Show kaputt machen. Danach war er dagegen, weil er Angst hatte, ich würde ihm die Show stehlen. Oder ihm sogar seinen Job wegnehmen. Zu Recht, denn es gab Standing Ovations. Wäre ich damals älter gewesen, hätte ich mich nach diesem Abend von Andrews Konkurrenzgehabe sicherlich nicht vertreiben lassen. Aber wie gesagt, ich war ein halbes Kind und ich wollte keinen Ärger. Darum überredete ich John Fisher, mit mir in die »Taste« zu gehen. John hatte jede Menge Beziehungen und kannte zudem den Pianisten Moshe Fleisher.

Ein paar Tage später sind wir also gemeinsam zur »Taste« rüber. Man muss wissen, dass die »Taste« nicht einfach nur eine Pianobar war – es war DIE Musikbar schlechthin. Ein edles Schickimicki-Lokal voll mit Prominenz. Jeder, der in der Musik- und Fernsehbranche etwas zu sagen hatte, verkehrte dort. Es war ein Sehen und Gesehenwerden. John sprach direkt mit dem Pianisten und überredete ihn, mich wenigstens ein Lied singen zu lassen. Quasi als eine Art Gefallen aus Freundschaft. Irgendwann gab Moshe nach, nickte in meine Richtung und seufzte. Er hatte keine Ahnung, was ihn da erwartete. Kurz darauf war es soweit: Ich hatte meinen ersten Gig in der »Taste« – begleitet von John Fisher. Mit 15 Jahren. Das war der Hammer. Ich habe noch heute Gänsehaut, wenn ich daran denke. Die Leute sind ausgeflippt. Damit nicht genug. Nach meinem Auftritt folgte der nächste Ritterschlag. Der große Moshe Fleisher klopfte meinem Pianisten auf die Schulter und sagte nur: »Hey, ab jetzt übernehme ich.«

Wer von beiden der bessere Pianist war, ist im Nachhinein schwer zu sagen. John war der typisch studierte Lehrbuch-Musiker, der jedes Lied aus dem Effeff beherrschte. Moshe dagegen spielte rein nach Gehör und Gefühl. Ich glaube, der kannte keine einzige Note. Dem musstest du nur eine Melodie ins Ohr singen und dann hat er das nachgespielt. Moshe war begnadet und eine richtige Rampensau. Bei unserem ersten gemeinsamen Auftritt machte er eine Riesenstimmung und ließ mich gar nicht mehr weg vom Mikrofon. Von da an habe ich fast jeden Abend in der »Taste« gesungen.

Ich denke sehr oft und sehr gerne an diese Zeit zurück. Die »Taste« wurde so etwas wie mein zweites Wohnzimmer. So oft es ging, stand ich dort auf der Bühne. Ich habe alles gesungen: englisch, deutsch und italienisch. Ob »Una festa sui prati« von Adriano Celentano oder »Jailhouse Rock« von Elvis Presley. Aber eben auch deutsche Songs wie die deutsche Version von »Crying in the Chapel« – »Du hast ja Tränen in den Augen«. Ich hatte damals noch die Gabe, dass ich nicht nur sehr tief singen konnte, sondern auch sehr hoch. Ich habe erst später erfahren, dass das nur den wenigsten Musikern gelingt.

Klar, dass das herumging wie ein Lauffeuer. Plötzlich hieß es: »Du musst mal in ›Die Taste‹ gehen, da singt einer wie Elvis. Wenn der hinter einem Vorhang singen würde, würdest du glauben, da steht der King persönlich.« Im Laufe der Zeit habe ich mein Repertoire erweitert, so dass ich an manchen Abenden mehrmals locker eine halbe Stunde am Stück meine Songs ins Mikro schmetterte. Je öfter ich auftrat, desto mehr wusste ich: »Das ist mein Ding.« Ich hatte solchen Spaß daran, auch weil ich das erste Mal in meinem Leben etwas so richtig gut konnte.

Nicht nur richtig gut, sondern auch besser als andere. Im Singen war ich schwer zu schlagen. Das hat mir sehr viel Selbstvertrauen gegeben. Bis dahin hatte ich lustigerweise in der Schule den Ruf, eher schüchtern und still zu sein.

Seit ich angefangen hatte, in der Pianobar zu singen, bin ich nachts immer erst so gegen zwei, drei heimgekommen. Meine Mutter machte sich deswegen ständig Sorgen. »Wo treibst du dich rum so spät? Bist du mit den falschen Leuten zusammen?«

Es war jedes Mal die gleiche Leier. Und ich habe ihr immer geantwortet: »Mama, ich will Sänger werden. Ich schaffe das. Ich werde berühmt.«

Ich weiß noch, wie mich der neue Mann meiner Mutter mit ungläubigen Augen anblickte und fragte: »Warum willst du denn unbedingt berühmt werden?«

Ich hatte damals keine Antwort parat, weil es keine Antwort darauf gab. Mir ging es ja nie um den Ruhm an sich. Ich wollte einfach nur singen. Ich träumte von einer Platte mit meinem Namen drauf. Das war es, was ich wollte. Scheiß auf den Ruhm. Ich wollte einen Plattenvertrag, der Rest war mir egal. Meine Mutter hielt das allerdings für die Hirngespinste eines Teenagers.

Sie rief deswegen sogar meinen Vater an und erklärte ihm am Telefon: »Hör mal, dein Sohn kommt hier nachts erst um drei nach Hause. Und wir wissen nicht, wo der steckt. Er sagt, er singt in einer Pianobar.«

Ich kann mir gut vorstellen, wie meine Mutter damals meinen Vater zur Schnecke gemacht hat mit ihrem italienischen Temperament. Wie sie ihn in die Verantwortung nahm und ihm sagte, er solle sich gefälligst um seinen Sohn kümmern. Sie ist eine Mamma, und eine Mamma beschützt nun mal ihren Bambino mit allem, was sie hat.

Man muss wissen, dass meine Eltern damals längst geschieden waren. Mein Vater war nach der Scheidung in Bretten geblieben, ich war mit meiner Mutter nach Köln gezogen. Kurz darauf kam also der zu erwartende Anruf meines Vaters.

»Ja, Papa, ich singe in einer Bar«, erklärte ich ihm. »Komm doch einfach mal vorbei. Und bring Mama mit. Dann singe ich euch etwas vor.«

Ich bin überzeugt, dass meine Mutter ihm erneut die Hölle heiß gemacht hat und ihm sagte, er solle sich gefälligst herschaffen. Denn meine Eltern sind tatsächlich beide in der Pianobar erschienen. Ich hatte dort natürlich allen Bescheid gegeben und gebeten, meine Eltern nett zu behandeln. Sie wurden wie Könige begrüßt, das war schon großartig von den Jungs aus der Bar. Tja, und dann schnappte ich mir das Mikro. Ich habe »A Chi« von Fausto Leali gesungen. Ich sah, wie mein Vater mich mit offenem Mund anstarrte, wie meine Mutter sich vor Rührung die Tränen von den Augen wischte. Meine Eltern konnten nicht glauben, dass dieser Junge da oben auf der Bühne ihr Sohn war. Meine Eltern hatten mich zuvor nie wirklich singen gehört, nie bewusst meine Stimme wahrgenommen. Als dann das Publikum vor Begeisterung tobte, war für sie diese Singerei mehr als nur ein Hirngespinst. Seit diesem Abend haben mich meine Eltern mit anderen Augen gesehen. Mit einem stolzen Blick. Einem Blick, der sagt: »Junge, jetzt glauben wir an dich!«

Bei Moshe Fleisher war dieser Groschen schneller gefallen als bei meinen Eltern. Er ist Musiker und er erkennt ein Talent, wenn es vor ihm steht. Moshe wurde zu einem Mentor für mich. Er hatte mir seit unserem ersten gemeinsamen Auftritt gepredigt, mehr zu singen. Öfter zu singen. Vielfältiger zu singen. »Du wirst hier entdeckt, da bin ich mir ganz sicher«, waren seine Worte.

Moshe sollte Recht behalten. Im Laufe der nächsten Monate sind alle möglichen Plattenfirmen in der »Taste« eingetrudelt. Ich kannte niemand, aber Moshe war jedes Mal aus dem Häuschen, wenn er einen der Scouts auf den Stühlen im Publikum entdeckte. Den Stein endgültig ins Rollen brachte schließlich eine Kolumnistin des »Kölner Express«. Sie hieß Brigitte Kappe und hatte mich in der Bar singen gehört. Ich hatte wohl mächtig Eindruck hinterlassen, denn Kappe hatte gute Kontakte zur Plattenfirma Polydor und brachte mich dort ins Gespräch. Das Musiklabel machte daraufhin Nägel mit Köpfen, wie man so schön sagt. Kaum war jemand von Polydor in Köln aufgetaucht und hatte mich zum Vorsingen eingeladen, saß ich mit meiner Mutter auch schon im Flugzeug nach Hamburg. Im Studio sang ich regelrecht um mein Leben. Ich spulte mein ganzes Können ab, sang Celentano und Elvis, und zum Schluss deutsch. Noch am selben Tag unterschrieb ich meinen allerersten Plattenvertrag. Meine Mutter musste ebenso unterzeichnen, weil ich minderjährig war. Was genau in diesem Vertrag stand, war mir egal. Ich hätte alles unterschrieben. Egal, zu welchen Konditionen. Ich war endlich am Ziel.

Es fühlte sich damals alles an wie in einem Film. Wie jeder Musikverrückte war auch mein Zimmer randvoll mit Schallplatten gewesen. Viele meiner Platten waren von Polydor, das weiß ich noch, denn ich kannte dieses rot-weiße Label in- und auswendig. Das Einzige, was mir damals bei der Unterschrift durch den Kopf gegangen ist, war eben diese Plattensammlung. »Da steht jetzt bald dein Name drauf«, sagte ich zu mir. »Auf so einer Platte steht dein Name. Es wird eine Platte geben mit deinem Namen. Von dir.«

Das war unglaublich. Vor allem, weil niemand daran geglaubt hatte, dass ich es schaffen werde. Anfangs nicht mal meine eigenen Eltern. Dieser erste Plattenvertrag im März 1980 hat mein Leben verändert. Ich habe ihn heute noch und hüte ihn wie einen kleinen Schatz.

Ohne zu wissen, dass dieser »Schatz« mir vier Jahre später einen echten Schatz schenken sollte. Eine Truhe voll Gold meine ich damit zwar nicht, auch wenn es von der Summe passen könnte. Die Rede ist viel mehr von einem Haufen Geld – von knapp 2,5 Millionen Mark.

Der Vertrag, den ich im März 1980 abgeschlossen hatte, galt erst einmal nur für zwei Jahre. Es dauerte ein paar Monate, bis meine erste Platte im Kasten war. Die Single hieß »Siebzehn« und war zugegeben ein tierischer Flop. Ich hatte zwar mit der Single meinen ersten Fernsehauftritt überhaupt bei »Wähle dein Lied« und belegte den 3. Platz. Aber verkaufen wollte sich diese Single einfach nicht.

Mein zweiter Song »Der Ring, den du trägst« war im Grunde genommen eine sehr schöne Komposition eines Italieners. Aber auch daraus wurde nichts. Diese beiden Singles wurden noch unter dem Namen »Nino« veröffentlicht, heute übrigens absolute Raritäten. Im Februar 1982 kam mit »Und ein Engel fliegt in die Nacht« meine dritte Single auf den Markt, und die erste unter dem Namen »Nino de Angelo«. Es war mein Wunsch gewesen, meinen Namen zu verlängern. Ich fand, dass bei »Nino« allein etwas fehlte. Das klang so unvollständig. Passend zum »Engel«-Song nannte ich mich eben »Nino de Angelo«. »Und ein Engel fliegt in die Nacht« war eine deutschsprachige Version des OMD-Hits »Souvenir«. Es wurde mein erster Charterfolg. Das Lied stieg mit Platz 63 ein, kletterte hoch bis auf Platz 54 und hielt sich insgesamt zehn Wochen lang in der Hitliste. Die Plattenfirma verlängerte daraufhin meinen Ursprungsvertrag um weitere zwei Jahre, also bis März 1984.

Ich weiß noch, wie nach meiner ersten Chartplatzierung auf einmal die »Bravo« und andere Jugendzeitschriften auf der Matte standen. Auch wenn die ersten Artikel über mich nicht größer als ein Bierdeckel waren. Dennoch war ich stolz wie Bolle. Ich war in dieser Zeit auch erstmals Gast beim berühmten »WWF-Club« des WDR. Im Herbst 1982 erschien daraufhin meine Nachfolge-Single »Vielleicht«, erst nur auf Deutsch, danach auch auf Italienisch: »Sara' La Nostalgia«. Verantwortlich für diese Songs war Joachim Horn-Bernges, mit dem ich später »Jenseits von Eden« schrieb. Horn-Bernges war damals auch ein Grünschnabel, er hatte mit mir sein Debüt als eigenverantwortlicher Produzent.

Das Jahr 1983 war auch das Jahr, in dem ich über die Polydor auf Drafi Deutscher traf. Ich weiß nicht, warum, aber Drafi hatte von Anfang an einen Narren an mir gefressen. Er mochte mich, unterstützte mich, nannte mich liebevoll »Ninski«. Er war ein riesiger Fan meiner Stimme, sagte: »Deine Stimme klingt brutal. Das ist einmalig auf dieser Welt.« Drafi selbst war ein Musiker durch und durch. Aber seine Stimme kam nicht an die meine heran. Neidisch war er deswegen nie. Im Gegenteil: Drafi bewunderte mich für mein Talent. Er wurde mein größter Förderer und später auch einer meiner engsten Freunde.

Drafi war es auch, der mir die Single »Ich sterbe nicht nochmal« komponierte. Den Text schrieb wie immer Joachim Horn-Bernges. In diesem Song geht es um einen verlassenen Mann, der mit dem Scheitern seiner Beziehung zu kämpfen hatte. Trotz einer noch immer vorhandenen Anziehung will er mit seiner Verflossenen keinen zweiten Anlauf und fordert: »Schließ dein offenes Kleid. Und sieh mich nicht an wie im Liebesroman. Ich bin endlich die Ketten los. Ich war verloren und bin neu geboren. Ich sterbe nicht nochmal!« Der Song explodierte förmlich und schaffte es in die Top 20, wir verkauften auf Anhieb über 200 000 Platten. Mit diesem Hit hatte ich auch meinen ersten Auftritt in der ZDF-»Hitparade« bei Dieter Thomas Heck.

Zu Dieter Thomas Heck hatte ich von Anfang an ein sehr inniges Verhältnis. Der mochte mich unheimlich gerne und ich ihn ebenso. Ich habe ihn sehr positiv in Erinnerung. Ich war sein »Kerlchen«. Er sagt immer: »Komm mal her, Kerlchen.« Oder: »Du schaffst das, Kerlchen.« Man muss wissen, dass früher live gesungen wurde, beziehungsweise Halbplayback, das heißt, die Musik kam vom Band. Aber es war live. Vor Publikum, vor den Millionen Zuschauern am Bildschirm. Das war schon eine Herausforderung. Vor allem, weil ich wusste, dass all meine Verwandten und Freunde vor dem Fernseher sitzen würden. Aus dem kleinen Nino, der losgezogen war, um in der Musikbranche erfolgreich zu werden, wurde langsam – was heißt langsam, eigentlich ging es schnell – ein erfolgreicher Künstler. Die »Hitparade« war wie ein Ritterschlag für ein »Kerlchen« wie mich, um es mit den Heck'schen Worten zu formulieren. Ich habe keine Ahnung mehr, wessen Idee das war, aber ich trat in dieser Sendung komplett in Rot auf. Roter Pulli, rote Hose, rote Slipper. Nur die Socken waren weiß. Das sah schon geil aus. Typisch Achtzigerjahre eben. Allein für dieses Outfit hätte ich Platz 1 verdient, aber ich wurde immerhin Dritter.

Von nun an ging es steil nach oben. Auch wenn ich mich selbst nie als Schmusesänger bezeichnen würde, genau dieses Image wurde gefördert. Ich war ein hübsches Kerlchen mit einer sanften Stimme, das kam an. Die Presse feierte mich als Mädchenschwarm, die »Bravo« veröffentlichte einer ihrer populären Autogrammkarten mit meinem Namen. Dass du da als junger Kerl die Bodenhaftung verlieren kannst, wundert wohl niemand. Damals habe ich pro Monat um die 10 000 Kilometer zurückgelegt, trat gefühlt in jeder Diskothek Deutschlands auf. Das große Geld haben jedoch immer noch andere verdient. Ich habe für einen 19-Jährigen natürlich einen Haufen Kohle gehabt, keine Frage. Aber von einem Plattenmillionär war ich weit entfernt. Das dachte ich zumindest.

Im Dezember 1983, genau einen Tag nach meinem 20. Geburtstag, erschien schließlich »Jenseits von Eden«. Wieder war es ein Song von Drafi Deutscher, nämlich die deutsche Version von »Guardian Angel«. Und wieder war es Drafis Wunsch, dass unbedingt ich dieses Lied singen sollte. Ich oder keiner. Wie schon erwähnt, verfasste Joachim Horn-Bernges mit mir den deutschen Text. Wir waren überzeugt, dass es ein Hit werden würde. Aber dass dieser Song einfach alles überrollen würde, inklusive mich, damit hatte niemand gerechnet. Damit konnte niemand rechnen. Der Song stieg sofort mit Platz 27 in den Charts ein, und landete im Januar 1984 auf Platz 1. Erst in Deutschland, dann in Österreich und in der Schweiz. Nur 14 Wochen nach dem Erscheinen wurde die Single vergoldet. Die italienische Version »La Valle dell' Eden« rockte dazu die italienischen Charts, in Frankreich war ich sogar fünf Wochen lang die Nummer eins.

Sowieso war 1984 das wohl verrückteste Jahr meines Lebens. Hast du schon mal eine Zeitschrift mit deinem Gesicht auf dem Cover in den Händen gehalten? Die Regale im Kiosk waren plötzlich voll davon. Mich gab es sogar in der »Bravo« als lebensgroßen Starschnitt zum Sammeln und Aufhängen. Kaum ein Künstler war in diesem Jahr erfolgreicher als ich. Unvergessen für mich war auch der Auftritt in der Westfalenhalle vor 15 000 Menschen. Das war bei der Verleihung des »Goldenen Löwen« von RTL. Ein Jahr zuvor war ich noch Teil des Rahmenprogramms gewesen, jetzt war ich an diesem Abend der Hauptact – und einer der Preisträger. Die »Goldene Stimmgabel« gab's dann obendrauf. Auch hier war ich auf einmal auf Augenhöhe mit Roy Black, Udo Jürgens und Chris Roberts. Zu guter Letzt wurde ich von Frank Elstner zu dessen Sendung »Menschen '84« eingeladen. Noch mal: Es war der Wahnsinn.

Und es sollte, wie gesagt, noch besser kommen. Vielleicht hatte meine Plattenfirma Polydor genau wegen diesen Wirbels um mich zu spät geschaltet? Vielleicht, weil auch sie von diesem Erfolg überrascht und überrollt wurden. Auf jeden Fall wurde tatsächlich vergessen, meinen Vertrag zu verlängern. Mein erster Vertrag ging von 1980 bis 1982, der zweite von 1982 bis 1984. Mein Label hatte sich damals das Recht für eine Option gesichert, den Vertrag immer vorzeitig um zwei weitere Jahre verlängern zu können. Allerdings musste diese Option spätestens drei Monate vor Vertragsende gezogen werden. Und genau das wurde verpennt. In meinem Ursprungsvertrag wurde ich gerade mal mit vier mageren Prozenten am Erfolg abgespeist. Das war okay, es war schließlich ein Standardvertrag für einen unbekannten Künstler, den man erst neu aufbauen musste. Ich hatte anfangs auch keinen Rechtsbeistand, der mich beraten hätte. Meine Mutter war diejenige, die den Vertrag mit mir unterschrieben hatte. Ich war einfach nur dankbar, überhaupt einen Vertrag zu haben. Und hätten wir Ende Dezember über neue Konditionen verhandelt, hätte ich mit Sicherheit auch sechs oder sieben Prozent herausschlagen können. Ich wäre damit sogar zufrieden gewesen.

Nun war ich also in halb Europa in den Charts, und in vier Ländern auf Platz 1. Dazu vertragslos. Irgendwann im Frühjahr 1984 rief mich schließlich jemand von Polydor an und erklärte mir das, was ich bereits wusste: »Nino, mir ist aufgefallen, dass wir Ihren Vertrag nicht verlängert haben.« Ich hatte mir zwischenzeitlich juristischen Beistand besorgt und mein Anwalt meinte nur ganz trocken: »Glückwunsch Nino, du bist Millionär!« Plötzlich saß ich am längeren Hebel. Jetzt wollten die nämlich was von mir. Ich sag nur: Rollentausch vom Feinsten. Mein Anwalt hat daraufhin ganze Arbeit geleistet. Mein Vertrag wurde um weitere drei Alben verlängert – mit je 833 333 D-Mark Vorschuss für jedes Album. Das waren insgesamt 2,5 Millionen Mark. Da war er also, mein Goldschatz. Ich wurde über Nacht zum Multimillionär, und das mit 20 Jahren. Tja und von da an – also mit dem Millionenvertrag – ging es eigentlich nur noch bergab. Ganz nach dem Motto »Gesegnet und verflucht.«

TIPP 2

Das wohl wichtigste Fazit aus dieser Zeit ist, dass ich mein Leben lang unterschätzt worden bin. Erst von meinen Eltern, dann von den Jungs aus den Pianobars. Typen wie dieser Andrew Thomas aus dem »Le Grec« hielten sich immer für etwas Besseres, dabei hatte ich im Vergleich zu ihm einen Nummer-1-Hit. Auch Polydor hatte mich unterschätzt und diesen Fehler mit 2,5 Millionen Mark teuer bezahlen müssen. Aber unterschätzt zu werden, hat auch etwas Gutes, denn der Überraschungsmoment ist stets auf deiner Seite. Gerade weil ich eben nicht mit dem goldenen Löffel im Mund geboren wurde, weil ich es allen erst beweisen musste, dass ich etwas draufhabe, gerade deswegen war ich erfolgreich. Und bin es noch heute. Du bekommst im Leben nichts geschenkt. Wenn du etwas haben möchtest, verdiene es dir. All diese jungen Talente aus den Castingshows hatten niemals in einem Restaurant vor drei, vier Gästen gesungen oder sich ihren ersten Auftritt hart erkämpfen müssen. Die werden von Anfang an hofiert wie Stars, bekommen einen Song auf den Leib geschneidert und werden binnen weniger Monate von der Musikindustrie verheizt. Die meisten von denen überleben in der Showbranche nicht einmal das erste Jahr.

Wenn du also etwas erreichen willst, was du noch nie geschafft hast, musst du etwas tun, was du noch nie getan hast. Und keine Angst vor schmutzigen Händen. Es gibt schließlich Seife.

KAPITEL 3

MEINE KINDHEIT

EIN LEBEN, DAS NICHT MIR GEHÖRTE

Es ist leicht, einfach alles, was in deinem Leben falsch läuft, auf die Probleme in der Kindheit zu schieben. Ein zerrüttetes Elternhaus ist für viele die Entschuldigung für alles. Wie eine Art Freibrief fürs spätere Versagen. Die Nachrichten sind voll von Typen, die unter Drogeneinfluss völlig durchdrehen und dann dank eines Gutachtens für schuldunfähig erklärt werden, nur weil sie ihre traurige Kindheit angeblich nie überwunden hatten. So bin ich nicht. Ich weiß selbst, dass allein ich derjenige bin, der die Fehler in seinem Leben verbockt und zu verantworten hat. Meine Kindheit ist nicht der Grund dafür, warum ich mein halbes Leben lang gesoffen und gekokst habe. Und ich werde einen Teufel tun, meine Eltern als Sündenbock für meinen Scheiß zu benutzen. Trotzdem habe ich mich immer wieder gefragt, wieso ich bin, wie ich bin. Woher diese innere Zerrissenheit kommt, diese Mischung aus Wut, Trotz und Angst? Und warum ich mein eigenes Glück so oft selbst torpediere? Als ob ich es nicht verdient hätte, überhaupt zu leben. Die Antwort darauf habe ich tatsächlich in meiner Kindheit gefunden. Die Wahrheit ist: Ich lebe das Leben meines toten Bruders. Ich heiße sogar wie er. Wäre er nicht gestorben, dann würde es mich nicht geben. Dieses Wissen, eigentlich nur die »zweite Wahl« zu sein, macht dich fertig.

Ich bin leider als Einzelkind aufgewachsen. Ich hatte mir früher immer ein Geschwisterchen gewünscht, jemanden, mit dem ich spielen und lachen könnte. Jemand, der mir meine Einsamkeit nähme. Ohne zu ahnen, dass ich dieses Geschwisterchen war. Meine Mutter erlitt sehr früh eine Fehlgeburt, wurde danach schnell wieder schwanger, und zwar mit meinem Bruder Domenico Gorgoglione. In Italien werden Kinder häufig nach den Großeltern oder einem anderen Verwandten benannt. Mein Bruder (und später ich) wurden nach unserem Onkel Domenico benannt, dem Bruder meines Vaters.

Domenico wurde als Stammhalter in unserer italienischen Großfamilie wie ein Prinz gefeiert. Man kann sich vorstellen, wie viele Flaschen Grappa nach dieser Geburt geflossen sein mussten. Dass Italiener feiern können, ist kein Geheimnis. Doch diese Freude über Domenico wurde nach nur wenigen Monaten brutal zerstört. Er starb über Nacht. Unerwartet, ohne jegliche Vorwarnung. Dass es ein plötzlicher Kindstod war, kann ich heute nur vermuten. Niemand in meiner Familie spricht über dieses Thema. Nirgendwo ist dokumentiert, wie das passiert ist. Es ist ähnlich wie bei einer Omertà, dem Gesetz des Schweigens. Schnauze halten, ohne Wenn und Aber. Ich habe per Zufall mal ein Gespräch mitbekommen, in dem es hieß, dass mein Vater angeblich meinen Bruder hat fallen lassen. Dass er deswegen gestorben sei. Aber das ist Blödsinn. Wer trauert, sucht Gründe und einen Schuldigen. In diesem Fall wurde meinem Vater die Schuld gegeben. Das macht das Hassen leichter.

An dem Kindstod meines Bruders ist meine Familie zerbrochen. Dieser Schicksalsschlag war auch der Grund, wieso meine Eltern ihr Heimatdorf Laterza verlassen haben und nach Deutschland gekommen sind. Sie wollten weg aus Apulien. Sie wollten vergessen, was geschehen ist, und alles hinter sich lassen. Sie wollten einen Neuanfang.

Schließlich wurde ich geboren. Und meine Eltern nannten mich ebenso Domenico Gorgoglione. Nur mit zwei Unterschieden. Mit zweitem Namen wurde ich Gerhard getauft. Und mein Spitzname war nicht Nico, sondern Nino.

Bevor die Frage aufkommt, wieso ein italienischer Junge mit Zweitnamen Gerhard heißt? Das habe ich mich lange auch gefragt. Domenico Gerhard Gorgoglione … finde den Fehler. Es war die Idee meines Vaters. Mein Vater ist gelernter Karosserieschlosser und arbeitete damals in einer Werkstatt, gemeinsam mit Gerhard, einem Lackierer. Er reparierte Karosserien verunfallter Sportwagen, so richtige Luxusschlitten. Neuteile für diese Art von Fahrzeugen waren damals in den Sechziger- und Siebzigerjahren unglaublich teuer. Deshalb konnte jemand wie mein Vater mit seinem Talent jede Menge Geld mit solchen Spezialaufträgen verdienen. Das tat er auch, gemeinsam mit Gerhard. Die beiden waren nicht nur ein eingespieltes Team in der Werkstatt, sondern wurden privat enge Freunde. Ich weiß noch, dass mein Vater einmal mit einem Alfa Romeo nach Hause kam, den er gemeinsam mit Gerhard frisch aufbereitet hatte. Gerhard war an diesem Tag mit zu Besuch und mein Vater meinte: »Das ist Gerhard, der beste Lackierer, den es gibt. Er ist ein toller Kerl.« Seinetwegen musste Nino mit Zweitnamen also Gerhard heißen. Tja, warum auch nicht?

An meine früheste Kindheit kann ich mich nur vage erinnern. Ich kam am 18. Dezember 1963 gegen drei Uhr in der Landesfrauenklinik Karlsruhe zur Welt. Ich war ein Siebenmonatskind, ein Frühchen. Das heißt: Kaum war ich auf der Welt, musste ich ums

Überleben kämpfen. Die Lektion, dass das Leben ein Arschloch sein kann, lernen manche früher, manche später. Ich lernte sie mit meinem allerersten Atemzug. Meine Eltern waren als Gastarbeiter quasi mit nichts aus Süditalien nach Bretten, das ist eine Kleinstadt bei Karlsruhe, gekommen. Es musste Geld her, also schufteten sie rund um die Uhr. Vor meiner Geburt – und anschließend ebenso. Ich wuchs daher in einer Art Heim auf, bei Ordensschwestern irgendwo in der Nähe von Karlsruhe. Jeden Sonntagabend wurde ich von meinen Eltern dort abgeliefert, und erst freitagnachmittags wieder abgeholt. Manchmal wurde ich stattdessen bei meiner Tante abgegeben, also der Schwester meiner Mutter. Die lebte inzwischen ebenso in Karlsruhe und kümmerte sich ab und zu um mich. Aber die meiste Zeit war ich bei diesen Ordensschwestern. Und ich habe es gehasst. Ich weiß noch, dass das jedes Mal ein Riesengeschrei war, wenn meine Eltern mich dort ablieferten. Ich habe geschrien und gebettelt. Ich wollte partout nicht bleiben. Aber es ging nicht anders. Von den ersten sechs Jahren bis zur Einschulung habe ich kaum Erinnerungen. Außer daran, wie sehr ich geweint habe. Es muss grausam für mich gewesen sein. Das war meine erste Begegnung mit dem Dämon Trennungsschmerz, der mich innerlich völlig zerrissen hat.

Eine schöne Erinnerung aus dieser Zeit habe ich aber doch: wenn wir in den Urlaub zu unserer Familie nach Apulien gefahren sind. Den Vater meines Vaters habe ich nie kennengelernt, er starb noch vor meiner Geburt. Meinen Opa mütterlicherseits gab es zum Glück noch und ich habe ihn geliebt. Ich saß stundenlang vor ihm auf dem Boden und habe ihm zugehört, wenn er aus seinem Leben erzählt hat. Mein Opa war ein großartiger Geschichtenerzähler. Wir sind unzählige Male gemeinsam aufs Olivenfeld gefahren oder haben Feigen geerntet. Mein Opa war ein Genussmensch. Er hat gutes Essen geschätzt und gute Weine. Ich weiß noch, wie er für uns einen Picknickkorb mit sämtlichen Leckereien gerichtet hat und wir dann raus gefahren sind auf die »Campagna«, also raus aufs Feld, wo unsere Olivenbäume standen. Dort hat sich mein Opa mit seinen Freunden getroffen. Es gab hausgemachten Rotwein, Brot, Wurst und Käse. Es wurde gelacht und erzählt. Ich saß einfach nur da und habe zugehört. Jedes Mal, wenn ich mich bei den Ordensschwestern verlassen fühlte, habe ich an meinen Opa gedacht, wie wir auf diesem Feld picknickten. Wie er mir ein Stück von diesem frischen Brot vom Laib abriss und wir es in Olivenöl und Salz getunkt haben. Ich habe niemals wieder besser gegessen als dort.

Meine kurze Schulzeit begann eher schlecht statt recht. Ich ging in Bretten auf die Grundschule. Das Beste daran waren die belegten Brötchen mit Fleischsalat, die es damals noch für 20 Pfennig gab. Ich versuchte wahrlich, ein guter Schüler zu sein. Aber ich war meist zu unkonzentriert und geistig abwesend. Ich träumte mich durch den Unterricht, musste schließlich die dritte Klasse wiederholen. »Dann auf ein neues Altes«, dachte ich mir. Je älter ich wurde, desto größer wurden die Probleme zu Hause. Es war die Zeit, als meine Eltern schon kurz vor der Scheidung standen. Ich hatte schon wieder kein harmonisches Zuhause, wieder kein richtiges Familienleben. Wie oft ich von der Schule nach Hause kam und draußen vor dem Eingang meine Eltern habe streiten und schreien hören, ich kann es nicht mal mehr zählen. Ich bin dann gar nicht erst rein, sondern verkrümelte mich irgendwo, bis die Luft rein beziehungsweise mein Vater weg war. Meistens kam er dann erst in den frühen Morgenstunden wieder nach Hause. Ich hatte furchtbare Angst davor, dass meine Eltern sich trennen würden. Als Kind machst du dich für so ein Scheitern verantwortlich. Vielleicht würden sie ja weniger streiten, wenn mein Bruder nicht gestorben wäre? Vielleicht wären sie dann glücklicher? Was, wenn sie mich deswegen weniger lieben? Es sind Gedanken, die das Herz eines kleinen Jungen zerreißen.

Heute glaube ich zu wissen, dass ich schon damals eine Depression hatte. Jedes Mal, wenn die Schule aus und ich auf dem Heimweg war, schnürte es mir die Kehle zu, weil ich eben nie wusste, was mich daheim erwarten würde. Irgendwann habe ich auf dem Heimweg angefangen zu singen. Einfach so, von jetzt auf nachher. Ich war sowieso immer alleine unterwegs. Ich hatte zwar ein paar Freunde, aber im Grunde genommen war ich mehr der Einzelkämpfer. Das Singen hat sich unfassbar befreiend angefühlt. Es hat mir Kraft und Trost gegeben. Wenn ich gesungen habe, war ich in meiner eigenen kleinen heilen Welt. Am Anfang kannte ich noch keine Texte, also habe ich irgendwas vor mich hin gesungen. Ich hatte auch keine Ahnung, dass ich wirklich singen konnte. Es tat mir einfach gut, meine eigene Stimme zu hören. Das hatte eine heilsame Wirkung auf mich. Das ist bis heute so geblieben. Ohne Gesang kann und will ich nicht leben. Singen ist für mich viel mehr als nur mein Job. Es bedeutet alles für mich.

Als ich acht Jahre alt war, ließen meine Eltern sich scheiden. Ich zog mit meiner Mutter daraufhin in eine andere Wohnung im Ort. Es war nicht leicht für sie, meinen Vater zu verlassen, weil sie ihn im Grunde ihres Herzens immer noch liebte. Es dauerte lange, bis sie über ihn hinwegkam. Ich hörte sie nachts oft in ihrem Bett weinen. Aber sie sah keinen anderen Ausweg. Sie tat es auch für mich. Sie wollte, dass ich wegkomme von dieser ewigen Streiterei mit meinem Vater. Sie opferte ihr Glück für meines, und dafür liebe ich sie.

Um sich von meiner Mama ein Bild zu machen, muss man sich eigentlich nur ein paar alte italienische Filme ansehen. Meine Mama ist eine klassische Italienerin. Wunderschön, auch heute noch. Dass sie über 80 Jahre ist, siehst du ihr nicht an. Sie hat wie viele Frauen ihrer Generation das Schneidern in der Schule gelernt. Das war damals ein Schulfach. Als wir schließlich in Deutschland waren, hat sie tagsüber in einer Fabrik gearbeitet und am Abend und an den Wochenenden nebenbei noch geschneidert. Sie hat unglaubliche Dinge mit der Nähmaschine gezaubert. Ihre ganzen Klamotten schneidert sie selber. Für meine Mutter bin ich noch heute der kleine Nino, so behandelt sie mich übrigens auch. Meinen Bart mag sie gar nicht und sagte dann schon mal so im Halbspaß: »Wenn du dich nicht rasierst, dann knall ich dir eine.« Ja, so ist meine Mutter. Aber das freche Mundwerk täuscht. Sie ist eine sehr zarte Person, stets darauf bedacht, nirgendwo anzuecken, immer hilfsbereit und fürsorglich. Und leider auch ängstlich. Ich sage bewusst leider, weil ich diese Angst eben auch in mir trage.

Das genaue Gegenteil von ihr ist mein Vater. Meinen Papa sah ich seit der Scheidung nur noch selten. Meistens nur dann, wenn er mit seinem Sportwagen durch Bretten fuhr, stets in weiblicher Begleitung, aber es blieb nie lange bei derselben Dame. Er war ein attraktiver, starker Mann, dem es die Frauen leicht machten. Er war für mich ein Übermensch. Ich wollte unbedingt so sein wie er. So stark wie er, so geschickt wie er. Ich hatte ihn früher oft in seiner Werkstatt besucht und ihm dabei zugesehen, wie er die Karosserien gerichtet hat. Wie er verbeulten Autos wieder zu neuem Glanz verhalf. Mein Vater hatte sich die Werkstatt in einem alten Fabrikgelände eingerichtet. Es war dreistöckig. Unten wurde geschraubt, oben gekämpft. Im ersten Stock hatte mein Vater seine eigene Karateschule, im zweiten Stock gab es noch ein paar Trainingsräume. Der Kampfsport war seit jeher seine Leidenschaft. Er war Großmeister und besaß den 5. Dan. Erst ab dem 5. Dan darf sich ein Träger als Meister sehen. Voraussetzung dafür sind mindestens 20 Jahre Kraftsporterfahrung. Mein Vater hatte dazu in Deutschland eine Ausbildung als Trainer und im Laufe der Jahre die Karateschule zu seinem Hauptberuf gemacht. Die Werkstatt im Erdgeschoss wurde zum lukrativen Nebenverdienst. Ab und zu wurde er nicht mit Geld bezahlt, sondern mit Autos. Die hat er dann wiederum aufbereitet und verkauft. Für mich als Junge lebte mein Vater einen Traum aus schnellen Autos und schnellen Fäusten.

Meine Lieblingserinnerungen an meinem Vater sind für mich die, als er mich mit seinen Sportwagen von der Schule abgeholt hat. Das kam nicht sehr oft vor und war jedes Mal etwas ganz Besonderes für mich. Ich weiß noch genau, wie er mit seinem Alfa Romeo vor dem Schulhof stand. Es war eine Giulia 1750 GT Veloce, Baujahr 1969. Ich sah das Auto, sah meinen Vater und war stolz. Wir sind immer noch ein bisschen durch die Gegend gefahren, bevor er mich zu Hause bei meiner Mutter abgeladen hatte. Manchmal haben wir noch einen Abstecher zu einem Metzger in der Nähe von Bretten gemacht und uns ein Brötchen mit warmem Schinkenbraten gekauft. Das durfte ich dann direkt im Auto vespern. Natürlich waren das jetzt keine riesigen Ausflüge, für mich aber waren sie großartig. Ich habe mit meinem Vater auch mal Drachensteigen lassen und war mit ihm Pilze suchen. Aber diese Bilder von mir in diesem Alfa Romeo, grinsend mit einer Wurstsemmel in der Hand, die haben sich tief in mein Herz gebrannt.

Aber: Mein Vater war auch ein Mensch, der sehr viel Wut in sich trug. Du konntest mit ihm Pferde stehlen – aber nicht gut Kirschen essen, wie man so schön sagt. Wer ihm blöd gekommen ist, der bekam direkt eine kassiert. Zorn in Kombi mit Kampfsport kann weh tun, vor allem den anderen. Es gibt da eine Geschichte mit meiner Mutter. Damals waren sie frisch verheiratet und lebten noch in Italien. Meine Tante war zu diesem Zeitpunkt mit einem Schausteller verheiratet gewesen und so kam es, dass meine Eltern damals auch ein Fahrgeschäft mit Boxautos betrieben haben. Mein Vater schaute, dass er die Wagen am Laufen hielt. Meine Mutter verkaufte Fahrscheine. Sie war bildschön und hatte massenhaft Verehrer. Jeder, der ein Ticket bei ihr kaufte, machte ihr schöne Augen. Meinem Vater hat das überhaupt nicht gepasst. Er war rasend vor Eifersucht. Und er trug eben diesen Zorn in sich. Eines Tages schien es einer von Mamas Verehrern mit dem Flirten übertrieben zu haben. Mein Vater war am Schrauben und beobachtete das Ganze aus der Ferne, bis es ihm schließlich zu bunt wurde und er diesen Kerl zur Rede stellte. Der stand wohl an einer Theke und hatte seine Hände auf der Holzablage liegen. Als er dann frech wurde und zu meinem Vater sagte, dass er sich verpissen solle, rammte mein Vater seinen Schraubenzieher kurzerhand durch die Hand des Typen in den Tresen. Mein Vater hatte mir diese Geschichte selbst erzählt, er meinte nur: »Dann habe ich den Typ mal kurz festgenagelt.« Gemeinsam mit meinem Onkel hatte mein Vater sogar mal eine Gruppe von 20 Leuten aufgemischt und verprügelt. Er war ein Teufelskerl. Angst ist bis heute für ihn ein Fremdwort. Ich habe niemals erlebt, dass er jemals Angst oder Schwäche gezeigt hätte.

Ich wollte immer so sein wie er. Ich fing mit Karate an, um ihm und seiner Welt gerecht zu werden. Ich wurde sogar westdeutscher Jugendmeister. Aber so sehr ich mich bemühte, ich wurde nicht wie er. Weder so hart wie er noch so brutal, wenn's darauf ankommt. Ich hielt mich selbst für einen Versager, weil ich glaubte, nicht der Sohn zu sein, den sich mein Vater wünschte. Heute weiß ich, dass es unmöglich für mich war und ist, so zu werden wie er. Ganz einfach, weil ich charakterlich nach meiner Mutter komme. Ich bin wie sie: eher ängstlich, zurückhaltend und immer schön freundlich. Bloß keinen Ärger machen, egal wie unfair dein Gegenüber zu dir ist. Nur diese unbeherrschte Wut manchmal, die habe ich von meinem Vater. Papa lässt die Wut raus, ich schlucke sie runter. Dieser Charaktermix wurde für mich zu einem Desaster. Die Wut auf der einen Seite, die Angst auf der anderen. Es war wieder so, als würde es mich innerlich zerreißen und ich wäre machtlos dagegen. Ich fühlte mich jahrelang alleine damit.

Vielleicht war ich als Kind darum so still? Wer ruhig ist, der wird übersehen. Wer übersehen wird, dem kann nichts passieren. Ich traute mich in der Klasse nicht mal, mich zu melden. Deshalb ja die Ehrenrunde. Nur im Musikunterricht blühte ich auf. Hier begann auch, mehr zufällig, meine Gesangskarriere. Wir hatten das Thema »Wie nehme ich eine Platte auf?« und der Lehrer suchte einen mutigen Freiwilligen, der »Go Down, Moses« auf Band singen sollte. Es war das erste Mal, dass ich aufzeigte. Als die Aufnahme später der Klasse vorgespielt wurde, bekam ich eine Gänsehaut. Ich wusste nicht, wie gut meine Stimme auf Band klang. Ich hörte mich bis dato ja nur auf dem Schulheimweg selbst singen. Ich kann mich noch an die bewundernden Blicke meiner Mitschüler erinnern. Zum ersten Mal war ich der

Klassenbeste. Das war mein Talent. Ninos Talent. Und nicht das meines toten Bruders.

Ich bringe meinen Bruder deshalb noch mal ins Spiel, weil mich dieses Wissen, eigentlich das falsche Leben zu leben, seit meiner Kindheit belastete. Auch wenn ich mir selbst einredete, dass es mir doch egal sein könne, so war es das nicht. Jahre später, ich war bereits um die 30, also drei Jahre jünger als bei meinem Suizidversuch, war ich das erste Mal wegen meines Selbstzerstörungstriebs in Therapie. Ich wollte meine Sucht loswerden, wollte weg vom Kokain, raus aus dem Teufelskreis. Der Psychologe schlug gleich bei meiner ersten Sitzung vor, eine Familienaufstellung zu machen. Er fragte mich, ob es irgendwelche Kinder oder Geschwister gebe, auch verstorbene Geschwister. Ich sagte: »Ja, es gibt einen Bruder.« Ich muss gestehen, dass ich mich bis zu diesem Zeitpunkt nie wirklich dafür interessiert hatte, was aus meinem Bruder geworden war. Ich wusste, dass es ihn gegeben hatte. Und dass er vor meiner Geburt gestorben war. Erst als der Psychologe mir riet, etwas über meinen großen Bruder herauszufinden, fing ich an nachzuforschen. Ich erfuhr vom Kindstod, von den Verdächtigungen gegen meinen Vater. Mir wurde klar, dass dieser Verlust meines Bruders dazu geführt hatte, dass sie noch ein Kind bekommen hatten: mich. Wer weiß, ob es mich überhaupt gäbe, wenn mein Bruder überlebt hätte? Durch diese Familienaufstellung wurde mir bewusst, dass dieses Trauma der Grund für meine Selbstzerstörungswut war. Dass ich alles, was ich aufgebaut hatte, versuchte zu zerstören. Weil ich ein Problem hatte, es anzunehmen. Weil ich dachte, es stünde mir nicht zu.

Bei den Gesprächen mit meinen Eltern fand ich heraus, dass es für meinen Bruder nie eine Trauerfeier gab, geschweige denn eine

Totenmesse. Ich bin nicht der Überchrist, aber einen Menschen gehen zu lassen, ohne ihn mit einem Segen zu beerdigen, finde ich schrecklich. Es ist noch gar nicht so lange her, da lebte ich auf Mallorca, als mich das Schicksal meines Bruders mal wieder einholte. Das muss so 2007 gewesen sein. Ich fühlte mich mit der Situation überfordert und suchte einen Priester auf. Ich erzählte ihm alles und er hörte zu. Danach nahm er mich in den Arm und fragte, ob wir für meinen Bruder eine Totenmesse abhalten sollten. Nur er und ich, gemeinsam am Altar. Er meinte, ich könnte mit diesem Thema danach besser abschließen. Und das taten wir dann.

Von diesem Zeitpunkt an ging es mir besser. Ich konnte loslassen, konnte mich von meinem Bruder verabschieden. Zum Schluss gab mir der Pfarrer noch den Ratschlag, dass ich meinem Bruder die Welt mit meinen Augen zeigen soll. Dass ich ihn im Herzen tragen soll und dass das etwas Gutes ist. Er riet mir auch, meinem Bruder einen anderen Namen zu geben. Ich nenne ihn seither Pietro. Ich bin Nino, er ist Pietro. Seitdem ist er kein Dämon mehr, sondern der große Bruder an meiner Seite. Vielleicht habe ich deshalb doppelt so viel gefeiert: Ich musste für meinen Bruder mitfeiern. Oh mein Gott, hahaha!

TIPP 3

Mein schlauer Rat nach diesem Kapitel ist mit einem Wort zusammengefasst: »Reflexion«. Meine Eltern hatten mir unbewusst eine »Retterrolle« aufgebürdet, um die ich nicht gebeten hatte und die ich niemals wollte. Ich war der Rettungsanker für ihre Trauer, ihren Bruch mit der Familie, ihre Probleme in der Ehe. Ich war der Ersatz für ihren toten Sohn. Ich mache meinen Eltern deswegen keinen Vorwurf. Selbst die besten Eltern machen Fehler. Doch Menschen, die diese »Retterrolle« von früh auf ausfüllen mussten – das habe ich in der Therapie gelernt –, haben es schwer, ihre eigenen Bedürfnisse zu formulieren. Denn es ging ja immer darum, die Familie zu versorgen, nie sich selbst.

Klar, jeder von uns trägt Ballast aus seiner Kindheit auf dem Rücken. Der eine mehr, der andere weniger – je nachdem, wie viel deine Eltern draufgepackt haben. Ich habe durch meine Therapien erfahren, dass die ersten Lebensjahre die Grundlage für seelische Stabilität und körperliche Gesundheit bilden. Diese Zeit ist prägend. Sie ist abgespeichert in unserem Körpergedächtnis und steuert unser Verhalten – unbewusst, aber massiv. Darum wiederholen wir so oft die Fehler unserer Eltern. Ich war ein Scheidungskind. Ich habe es gehasst, wenn meine Eltern sich stritten. Trotzdem machte ich meine Kinder ebenso zu Scheidungskindern, und in puncto Zoff standen meine Ex und ich meinen Eltern ebenso in nichts nach.

Noch mal: Ich werde nicht meine Kindheit als Ausrede für meine Fehler benutzen. Mir hat zwar dieses typische Vater-Sohn-Verhältnis gefehlt, dieses Urvertrauen, das ein Kind braucht. Und ich hätte mir einen Vater gewünscht, der mir erklärt, wie das Leben funktioniert. Einfach eine starke Hand, die mich führt. Aber ab einem gewissen Zeitpunkt liegt es ganz allein bei uns, was wir aus unserem Leben machen. Das ist nicht einfach, aber man kann es schaffen. Mir hat es geholfen, mich mit der Geschichte meiner Eltern auseinanderzusetzen, mich zu fragen: Welche Kindheit hatten sie? Was haben sie erlebt, als sie klein waren? Welcher Ballast wurde ihnen aufgeladen? Es geht nicht darum, die Eltern aus der Verantwortung ihrer Elternschaft von damals zu entlassen, aber aus jener von heute. So habe ich meinen Frieden geschlossen.

Das Zauberwort lautet: Reflexion. Wenn wir in unsere Vergangenheit schauen und unser Verhalten ehrlich und reflektiert überdenken, hilft es uns, die Zukunft zu meistern. Ich bin überzeugt davon: Hätte ich dieses Buch früher geschrieben und mich früher meinen Dämonen gestellt, hätte ich mir viel Scheiß ersparen können.

KAPITEL 4

LET IT SNOW!

WIE MICH DIE KOKS-LAWINE ÜBERROLLTE

Anfang der Achtziger war Ibiza »the place to be«. Mit dem Auto düsten wir im Sommer nach Barcelona und von dort ging es mit der Fähre auf die Insel. Schon damals existierten gut laufende Clubs auf Ibiza – wie das »Pacha«, das »Amnesia« und das »Ku«. Das waren alles Open-Air-Clubs, die zwischen Juni und September für knapp vier Monate öffneten. Das Publikum bestand hauptsächlich aus Spaniern, Italienern und Südamerikanern. Deutsche gab es eher wenige. Bei meinem ersten Besuch auf Ibiza war ich 19, ich lernte damals eine ganz neue Welt des Feierns kennen. Das »Amnesia« war eine weiße Finca mit einer Glaspyramide im Innenhof. Relativ klein, mit dem Charme einer Gartenparty, nur etwas exklusiver. Ich mochte es. Das »Ku« dagegen war im Vergleich dazu ein Riesenladen. Dort gab es einen Swimmingpool im Hof, darüber führte eine Brücke, es gab verschiedene Ebenen – und auf einer befand sich die Coco-Loco-Bar. Coco Loco schmeckte wie ein Batida de Côco, nur etwas softer gemischt. Wir tranken das Zeug wie Wasser. An der Bar tummelten sich meist brasilianische Transvestiten. Es gab Männer, die in Admiralsjacken zur Party kamen, und Mädchen, die auf Rollschuhen durch den Club sausten oder oben ohne auf der Tanzfläche waren – das war unbeschreiblich. Bereits damals passten 8000 Menschen in das »Ku«, das war größer als das »Studio 54« in New York. Ibiza war Highlife.

Ich hatte mit 19 bereits mein erstes Boot am Hafen von Ibiza vor Anker liegen. Es war eine Riva Aquarama. Eines dieser Speedboote aus Mahagoniholz, wie sie die Fürstenfamilie Grimaldi besaß oder auch »James Bond«-Legende Sean Connery. Heute kostet dieses Boot um die 500 000 Euro, wir haben damals 60 000 Mark bezahlt. Ich hatte es gemeinsam mit einem Freund gekauft. Tagsüber waren wir am Strand, drehten ein paar Runden mit unserem Boot, genossen das süße Leben. Anschließend ging's dann in die Clubs. Ich erinnere mich an meinen allerersten Urlaub auf der Insel. Direkt nach der Ankunft im Hotel ging's mit ein paar Freunden ohne Umwege ins »Ku«. Wir waren in der VIP-Lounge im ersten Stock mit Blick auf die Tanzfläche. Dort standen überall Stehtische voll Schampus, Wodka und Tabletts mit kleinen Bechern, was aussah wie Orangensaft. Aber es war Ecstasy. In jedem Becher schlummerte eine aufgelöste Pille und wartete auf ihre Konsumierung. »Jetzt mach mal, probier endlich«, sagte einer meiner Kumpels zu mir. Ich hatte anfangs noch gezögert und mich brav an den Schampus gehalten. Zu diesem Zeitpunkt hatte ich noch niemals Drogen genommen, war in dieser Hinsicht jungfräulich. Ich fragte daraufhin: »Wie wirkt denn das?« Er meinte nur: »Trink einfach und in einer halben Stunde geht's ab!« Alles klar, dachte ich, dann lass es mal abgehen. Ich trank den ersten Becher, wartete, ging auf die Tanzfläche und es passierte rein gar nichts. Etwas übermütig bin ich wieder hoch zu meinem Kumpel und sagte: »Hey, das Zeug kann ja gar nichts.« – »Dann lade halt nach«, meinte er. Und das tat ich. Um die Sache zu beschleunigen, trank ich gleich zwei weitere Becher auf ex.

Holla, da ging es los. Wir waren damals für eine Woche auf Ibiza, davon war ich nach dieser Nacht vier Tage lang nonstop am Feiern. Ich hatte mein Hotelzimmer tatsächlich für vier ganze Tage nicht gesehen, ich bin durch die Gegend gerannt wie so ein Duracell-Fickfrosch. Ich kam einfach nicht mehr runter von diesem Trip. Irgendwann bin ich doch in meinem Hotelzimmer aufgeschlagen und habe den restlichen Urlaub verschlafen. Was für ein Ritt!

Ich war schon immer ziemlich hart im Nehmen, um das mal so auszudrücken. Doch nach diesem Ibiza-Urlaub war meine Ecstasy-Karriere schlagartig beendet. Das wollte ich mir nicht noch einmal antun. Die einzige Droge, bei der ich hängen geblieben bin, und das über Jahrzehnte, war dieses verfluchte Koks. Kokain war meine Droge. Ich wusste, wie es wirkt und wann es wieder aufhört. Ich wusste, dass ich am Tag danach nicht zu lange leiden muss. Koks konnte ich einigermaßen kontrollieren, und darauf kam es mir an. Wenn du drei Stunden lang keine Nase mehr gezogen hattest, warst du raus aus dem Rausch. Das hast du mehr oder weniger selbst im Griff. Das Schlimmste für mich ist es, die Kontrolle zu verlieren, so wie ich es eben bei Ecstasy erlebt hatte. Da bekomme ich Panik. Da will ich lieber sterben.

Nino und die Drogen: Damit habe ich leider vieles kaputt gemacht. Es ist schon verrückt, dass etwas, was du früher nicht kanntest beziehungsweise nicht auf dem Schirm hattest, in deinem Leben plötzlich so eine prägende und zerstörerische Rolle einnimmt. Ich war so ein typisches Dorfkind. In Bretten war die Welt gefühlt noch in Ordnung. Sicherlich gab es auch eine Drogenszene wie überall, aber davon habe ich nichts mitbekommen. Auch Alkohol war damals nicht meins, auch nicht während meiner anschließenden Schulzeit in Köln. Viele meiner Klassenkameraden trafen sich mittags irgendwo am Rhein zum Saufen. Die Rucksäcke voller Dosenbier, dazu Musik vom Ghettoblaster. Nicht, dass ich es verurteilt hätte. Es interessierte mich schlicht nicht. Dazu kommt, dass ich Alkohol bis heute nicht vertrage. Ich kann mich erinnern, dass ich damals mit ein paar Freunden an Karneval unterwegs war. Wir sind nach dem Umzug von Kneipe zu Kneipe gezogen. Wir waren zwar erst 14, aber das hat an Fasching keinen interessiert. Zudem hatten wir immer ein paar dabei, die älter waren. Bei jedem Kneipenstopp gab es Apfelkorn. Keine Ahnung, wie viele Schnäpse es letztendlich waren, aber es reichte für meine allererste Alkoholvergiftung. Seit diesem Karneval habe ich nie wieder auch nur ein Glas Apfelkorn getrunken. Zu einem kalten Bierchen sag ich selten nein, aber bei mir haut Alkohol direkt rein, direkt nach dem ersten Glas. Mein Alkohol-Abbau-Gen ist anscheinend nicht vorhanden. Nach fünf, sechs Bierchen bin ich betrunken. Kumpels von mir haben immer gelacht, wenn ich mit denen unterwegs war, weil ich der Erste war, der besoffen war. Also nach sechs Kölsch war bei mir schon Feierabend.

Auch Kiffen war nie meins. Selbst dann nicht, als ich in den Pianobars auftrat und es völlig normal war, dass hier und dort eben ein Joint herumgereicht wurde. Dieser süßliche Duft verteilte sich in der ganzen Bar. Ich mochte ihn, aber ich wollte nicht die Kontrolle verlieren. Ich habe es später einmal versucht und lag anschließend wie gelähmt in einer Ecke. Ein beschissenes Gefühl. Gras macht lethargisch, Alkohol hemmungslos. Koks ist da anders. Ich verstehe, warum diese Droge so verdammt schnell süchtig macht.

Meine erste Koks-Begegnung hatte ich in Hamburg. Damals war ich mit Drafi Deutscher unterwegs. Ich habe ihn wirklich geliebt, er war ein unglaublicher Kerl. Drafi war ein Feierbiest. Für ihn war Alkohol so etwas wie ein Grundnahrungsmittel, das wusste ich. Aber Drafi konsumierte eben auch Kokain. Wir waren im »HSV Bierbrunnen«, dem Vereinslokal der Hamburger Profis auf der Rothenbaumchaussee. Coole Location. Wir kamen gerade gemeinsam von einer Fernsehaufzeichnung, mit einer amerikanischen Band im Schlepptau. Welche Sendung es war, weiß ich nicht mehr, spielt auch keine Rolle. Im »Bierbrunnen« wurde gefeiert und getrunken. So weit, so normal. Bis Drafi in die Runde rief: »Jungs, alle mal mitkommen!« Ich dachte: »Was ist jetzt? Gehen wir geschlossen zum Pinkeln oder was soll das? Gehört sich das so in Rock-Kreisen?« Ich sage bewusst Rocker, denn Drafi war für mich ein Rocker, trotz seiner Schlager. Er war ein Vollblutmusiker. Und er rief in meine Richtung: »Komm, Kleiner, komm mit!« Die meisten haben dann erst mal gepinkelt, ich ebenso. Schließlich ging Drafi in eine Toilette rein und hat angefangen, irgendetwas zu hacken. Ich hörte nur klack, klack, klack, klack. Ich wusste erst nicht, was das zu bedeuten hatte, bis ich die Tür aufmachte und verstand. Drafi hatte mit seiner Kreditkarte das Koks auf dem Klodeckel kleingehackt und fein säuberlich in fünf Lines aufgeteilt. Dann holte er einen Schein heraus, rollte ihn wie ein Zigarettenpaper zusammen, setzte an und schnupfte die erste Line in einem Zug weg. Danach wurde der Schein weitergereicht, bis schließlich nur noch eine Line übrigblieb. Drafi drückte mir den Schein in die Hand und sagte: »Komm, Junge, für dich!« Für mich. Verdammt und nun? Ich höre heute noch mein Herz, wie es laut und wild gegen meinen Brustkorb hämmerte. Ich hätte so gerne nein gesagt. Ich wollte das Zeug nicht schnupfen. Ich meine: Das war Kokain. Aber um ehrlich zu sein: Ich hatte Schiss, abzulehnen und als Loser dazustehen. Ich wollte dazugehören und ich dachte, Kokain gehörte dazu. Ich wollte nicht kneifen vor so einem bisschen weißen Pulver. Also habe ich den Dicken markiert und so getan, als wäre koksen das Normalste der Welt: »Ja, klar, gib her, Drafi!«, sagte ich. Und bamm … ballerte ich mir das erste Mal eine Nase rein. Ich hätte mir rückblickend gewünscht, dass ich mit Kokain die gleiche Erfahrung gemacht haben würde wie mit Ecstasy. Danke, aber danke, nein. Einmal reicht. Doch mit Koks fühlte ich mich nicht wie auf Drogen, es fühlte sich mehr wie ein Zaubertrank an. Ich, der introvertierte, ängstliche Nino war plötzlich »Mister Fantastic«. Ich war selbstsicher, mutig, gut gelaunt. Ich war witzig, hatte keine Scheu mehr, vor anderen zu reden. Ich war der Nino, der ich immer sein wollte.

Das war meine erste Line und es sollte nicht die letzte sein.

Seit diesem Erlebnis in Hamburg war ich angefixt. Mit Kokain im Blut habe ich mich gefühlt wie Mick Jagger. Für mich hatte Koks nichts Gefährliches, es war vielmehr mein Ticket zu einem Rockstar-Dasein, zu Sex, Drugs and Rock 'n' Roll. Zurück in Köln hatte ich mich erst mal in meinem Freundes- und Bekanntenkreis erkundigt, wer denn alles so schnupfte. Der Großteil hatte mit Drogen zwar nichts am Hut, aber wenn du dich ein bisschen umhörst, lernst du sehr schnell sehr viele Gleichgesinnte kennen. Ich war überrascht, wie viele mit Koks zu tun hatten. Noch überraschter war ich, wie einfach es war, mir selbst etwas zu besorgen. Am Anfang war Kokain so etwas wie ein Highlight. Eine Ausnahme, die ich mir alle drei Monate gönnte. Wir ließen es schneien und so richtig krachen, aber dann war es auch wieder gut. Und ich zehrte von der Erinnerung und der Vorfreude aufs nächste Mal. Mit der Zeit wurden die Abstände kürzer. Aus vierteljährlich wurde monatlich. Aus monatlich wurde wöchentlich, zum Schluss, in den wildesten Phasen, sogar täglich.

Es war die Zeit nach »Jenseits von Eden«. Ich war 21 und Millionär. Eine gefährliche Kombi, wenn du auf Kokain stehst. Ich war damals viel in Diskotheken unterwegs. Es ist unfassbar, wie schnell sich deine Wahrnehmung verändert. Ich war früher, vor der Koks-Lawine, auch in Clubs zum Feiern. Doch jetzt, da ich drin war in der Szene, kannte ich all die vertrauten Geräusche. Jedes Mal, wenn ich zum Pinkeln ging, hörte ich, dass jemand »hackte« und »kokste« oder »zog«. Selbst das Zusammenrollen eines Geldscheins erkannte ich am verräterischen Rascheln und musste grinsen. Damals bin ich nie »unbewaffnet« in die Disko, ich hatte immer was dabei. Es wurde gefeiert, getrunken und ab und zu eine Line gezogen. Alle waren gut drauf, es war eine Dauerparty. Dazu kam: Mit Koks im Blut vertrug ich plötzlich unheimlich viel Alkohol. Das gefiel mir und ich dachte: »Mensch, du kannst ja richtig saufen.« Von wegen, nach sechs Kölsch schon voll. Jetzt haute ich eine Flasche Wodka weg und stand immer noch. Eben Mister Fantastic.

Dem Koks bin ich »zum Glück« treu geblieben, das konnte ich bei den meisten Frauen leider nie behaupten. Zum Glück deshalb, weil sich die Partyszene veränderte und extremer wurde. Koks war irgendwann nicht mehr angesagt, es wurde LSD geschluckt. Auf einmal hieß es: »Nino, koksen ist doch out, wirf dir mal eine Pille ein.« Dieses Mal dachte ich, ich wüsste es besser. Ich hatte ja schließlich meine Ecstasy-Erfahrung. Also lehnte ich erstmal dankend ab. LSD war mir unheimlich. Aber wie es halt so läuft an solchen Abenden, es herrschte Gruppenzwang und du kannst dich dem nicht entziehen. Alle waren auf Pille und irgendein Mädel sagte: »Hey, Nino, jetzt sei mal kein Spießer. Komm, mach den Mund auf.« Kaum ausgesprochen, schob sie mir eine Pille in den Mund. Von wegen »Happy-Pille«. Da war er wieder, mein Albtraum. Ich habe zwei Tage gebraucht, um mich von diesem Trip zu erholen. So eine Pille wirkt, wie sie will. Du bist im Kopf völlig matschig. Und du kannst nichts dagegen tun. Natürlich wäre es am besten gewesen, nach dieser LSD-Höllentour ganz die Finger von den Drogen zu lassen. Doch zu diesem Zeitpunkt hatte ich mich längst an meinen Glücksrausch gewöhnt. Also griff ich wieder zu Kokain. Wenn ich ehrlich bin, wollte ich damals gar nicht weg davon. Wieso etwas aufgeben, was dich glücklich macht?!

Im Laufe der Jahre habe ich immer mehr Leute getroffen, die koksten, vor allem im Showbiz. Ich möchte gar kein Fass aufmachen, das gehört sich nicht. Aber ich habe mit so vielen Fernsehgrößen zusammen eine Nase gezogen, mit Frauen, Männern, echten Superstars. Das waren keine kleinen B-Promis, ganz im Gegenteil. Einer dieser Stars war Falco. Wir kannten uns zwar nur flüchtig, aber wir mochten uns. Irgendwann war er mal wieder in Köln, wir trafen uns, erzählten und da habe ich es geschnallt. Falco war einer von uns. Auch er ließ es gerne und oft schneien. Schade, dass er nicht mehr da ist. Falco starb 1998 bei einem Autounfall. Er war sofort tot. Wenn ich an ihn denke, kommt mir sofort wieder mein eigener Crash in den Sinn, und ich bekomme Gänsehaut, weil ich überlebt habe, was man eigentlich nicht überleben kann. Dass ich über Falco und auch über Drafi spreche und auch deren Namen erwähne, hat nicht nur den Grund, dass die beiden Jungs inzwischen erlöst sind und uns von da oben auslachen. Drafi hätte garantiert nichts dagegen, wenn ich unsere alten Koks-Geschichten auspacke. Falco ebenso wenig.

Wenn du einmal in diesen Kreisen gelandet bist, ergibt es sich quasi von selbst, dass du irgendwann auf irgendwelchen After-Show-Partys landest. Es war immer das Gleiche. Wir haben gefeiert bis morgens um sechs. Alle hatten wir gepuderte Näschen und Pupillen so groß wie Spiegeleier. Und weil keiner von uns in der Lage war, auch nur ansatzweise zu schlafen, ging es geschlossen zur nächsten privaten »After-Hour«-Feier. Hier waren wir dann unter uns, hier musste sich niemand auf die Toilette verziehen. Nein, das Pulver kam direkt auf den Tisch. Geldschein raus, Nase ziehen … und zack, weiter ging's. Manchmal sogar bis zum nächsten Abend. Es wurde getrunken, gefeiert und vor allem gevögelt, was das Zeug hielt. An hübschen Frauen hat es nie gemangelt. Anfangs haben sich einige Pärchen noch auf ein Zimmer verzogen, zum Schluss war es eine reine Orgie. Wie Sodom und Gomorra. Ich muss gestehen, es war geil.

Aber es war nicht real. Das ist ja das Problem an diesem Koks-Desaster. Du brauchst diesen Kick, um Spaß zu haben. Du willst ihn. Immer. Ich habe gekokst, wenn ich komponiert habe und im Studio am Keyboard saß. Ich habe nach dem Abendessen gekokst, danach gemütlich ein, zwei Flaschen Wein getrunken und den leichten Nebel genossen. Ich hatte Koks deshalb als meine Droge auserwählt, um die Kontrolle nicht zu verlieren. Ich redete mir ein, dass ich aufhören könne, wenn ich es nur wollte. Die Wahrheit war: Ich konnte es nicht. Ich war zum Schluss nicht einmal mehr in der Lage, ohne Koks vor die Tür zu gehen. Ich will jetzt das Wort »süchtig« nicht in den Mund nehmen, obwohl es natürlich eine Art »Sucht« war. Vielleicht war es auch nur die Angst, ohne Koks wieder in die Rolle des ängstlichen, schüchternen Ninos zu fallen? Koks macht schließlich psychisch abhängig – nicht körperlich. Ich weiß es nicht … Aber ich merkte mit der Zeit, dass ich im Alltag depressiver wurde. Es gab Momente, da empfand ich nichts als Leere. Um mich wieder gut zu fühlen, griff ich zum Pulver. Nur um danach in das nächste traurige Loch zu stürzen. Es war ein Teufelskreis. Ein ewiger Teufelskreis. Um ehrlich zu sein: Ich habe 30 Jahre lang gekokst. Mindestens.

Wann genau ich merkte, dass ich die Kontrolle verloren hatte, ist schwierig zu sagen. Ich fing an, mich nicht mehr frei zu fühlen, weil ich ständig diesem Kick hinterherjagte. Ich merkte, dass ich mich veränderte, dass ich nicht mehr Herr meiner Selbst war. Koks macht auf Dauer einsam. Nicht jeder Abend endet in einer Gangbang-Orgie mit schönen, nackten Frauen und einem Dauergrinsen im Gesicht. Nein, wenn's beschissen läuft, endest du ganz erbärmlich kniend auf einem Flokati-Teppich. Das ist wirklich passiert: Ich war damals mit einem Kumpel bei mir zu Hause. Wir wollten gerade eine neue Line auf dem Glastisch ziehen. Aber wir waren so drauf, dass uns dabei das Päckchen runter auf den Teppich gefallen ist. Das gute teure Koks verteilt im Flokati. Wir zwei sind wie bescheuert auf dem Boden herumgekrochen, um den Scheiß da wieder rauszuschnupfen. Man muss sich das Ganze als Filmszene vorstellten: Zwei Typen auf einem Flokati kniend, die mit einem Röhrchen versuchen, möglichst viel Stoff zwischen den Wollhaaren aus dem Teppich zu ziehen. Da lachst du dich doch schlapp. Auch wenn ich gestehen muss, wie traurig dieses Bild in Wahrheit ist, daher möchte ich es auch gar nicht verharmlosen.

Irgendwann in den Neunzigern war ich dann endgültig am Tiefpunkt angelangt. Ich lungerte in irgendwelchen Frühkneipen herum, die schon um fünf Uhr morgens aufmachten. Oder fand mich an irgendeiner Theke sitzend, neben mir Typen mit gefühlt

1000 Jahren Knast. Ich konnte damals teilweise nicht mal mehr auf eine Toilette gehen, ohne dass ich gleich ans Koksen denken musste. Sobald ich einen Klodeckel sah, juckte es mir sofort in der Nase. Das war echt zur Qual geworden. Es hat mich regelrecht verfolgt. Ich war in der Hölle gelandet und ich wollte da raus. Ich habe mir so oft vorgenommen: »Komm Nino, mach mal 'ne Pause.« Aber das ist leichter gesagt als getan. Irgendwas zieht dich da immer wieder rein. Das war mein Verhängnis.

Die längste Pause in den 30 Jahren, in denen ich Koks konsumiert habe, war vielleicht ein halbes Jahr. Das tat ich nicht für mich (was ein Fehler war), sondern für meine damalige Frau. Dass die Kokserei unser Familienleben belastet hat, muss ich nicht explizit betonen. Oder dass meine Frau sauer war, wenn ich die ganze Nacht unterwegs war und morgens völlig dicht nach Hause gekommen bin. Das war alles scheiße. Ich habe mich unendlich geschämt und wollte nie, dass die Kinder mich so sehen. Diese Reue hielt bis zum Abend, bis zu meiner nächsten Line. Eines Tages setzte sie mir die Pistole auf die Brust: »Entweder du hörst auf oder ich verlasse dich. Und ich nehme die Kinder mit!« Das saß! Ich war dankbar, dass sie mir überhaupt noch eine Chance gab. Sie hätte auch einfach direkt meine Koffer vor die Tür stellen können und ich wäre ihr nicht einmal böse gewesen. Sie hätte dazu alles Recht der Welt gehabt. Ich wollte die Chance wirklich nutzen. Also bin ich zur Therapie.

In einer Entzugsklinik war ich nie. Warum auch? Ich war ja nicht süchtig, sondern hatte nur kurzzeitig die Kontrolle verloren. Davon war ich überzeugt und ich bewies es mir mit dieser Auszeit schließlich selbst. Der Entzug war die Hölle. Meiner Seele fehlte das Koks, meinem Körper der Alkohol. Ich kenne genügend Leute, die koksen, ohne zu trinken. Keine Ahnung, wie das geht. Das habe ich nie gemacht. Wenn ich geschnupft habe, habe ich gesoffen. Nun ließ ich beides weg und war körperlich ein Wrack. Es zehrte an mir. Ich hatte Schmerzen, Albträume, das volle Programm. Aber ich hielt durch. Fast sechs Monate lang. Ich bin in dieser Zeit auch brav zum Psychologen gegangen. Die Gespräche taten mir gut. Ich war auf einem guten Weg. Meine Ehe war auf einem guten Weg.

War, wohlgemerkt.

Denn in dieser Phase klingelte irgendwann das Telefon. Drafi rief mich an. »Hey, Ninski, ich habe einen neuen Song geschrieben. Hör ihn dir doch mal an.« Ein Teil von mir wusste sicherlich, dass es ein Fehler sein würde, zurück in die Höhle des Löwen zu gehen. Es war wie verflucht, dass dieser Anruf gerade jetzt kommen musste. Aber es war Drafi und Freunde lässt man nicht hängen. Also ging ich hin. Ich habe die Szene noch komplett vor mir. Als ich zu ihm reinkam, fiel mir sofort dieser Haufen Koks auf, der mitten auf seinem Marmortisch thronte. Es sah aus wie ein kleiner Eisberg. Drafi war genauso weiß im Gesicht wie das Pulver, das er schnupfte. Ich glaube, er hatte eine Woche lange nicht geschlafen. Er hatte schwarze Augenringe und sah aus wie der Tod persönlich. Er sah meinen Blick auf den Koksberg und meinte nur: »Wenn du was willst, nimm dir was.«

Ich blieb tatsächlich stark, lehnte ab und hörte mir sein Lied an. Der Song war gigantisch und wurde später ein Welthit. Es war »You Want Love (Maria, Maria)«, den er mit Oliver Simon gesungen hatte, Partner seines Pop-Duos »Mixed Emotions«. Drafi hatte diesen Song gerade fertig komponiert und bastelte am letzten Schliff.

Wenn Drafi sich an einem Lied festbiss, war er wie in einem Tunnel. Er arbeitete dann Tag und Nacht. Um durchzuhalten, hielt er sich mit Koks und Korn wach. Er war in dieser Hinsicht wie ich: Koks geht nur mit Alkohol. Er wohnte damals neben einer Kneipe und bestellte sich dort flaschenweise Klaren. Erst schnupfen, dann schnäpseln.

Drafi beim Komponieren zuzusehen, war der Hammer. Er war ein verdammtes Musikgenie. Eine echte One-Man-Show. Er machte beim Komponieren alles selbst. Zuerst spielte er jedes einzelne Instrument, dann sang er den Text ein und mixte es schließlich zu einem Hit. So wie jetzt bei »You Want Love«. Ich hätte dieses Lied am liebsten selbst mit ihm gesungen, das wäre neben »Jenseits von Eden« mein größter Erfolg geworden. Aber meine Plattenfirma hatte Drafi damals auf dem Kieker. Sie hielten ihn wegen seiner Drogenexzesse für untragbar. Sie meinten, er sei ein schlechter Umgang. Man muss zur Verteidigung meines Labels sagen, dass dieses Misstrauen nicht unbegründet war. Wo Drafi war, war Koks. Ich hatte selbst für ihn ein paar Mal den Briefträger gespielt, wenn er etwas gebraucht hatte. Bis die ganze Sache aufflog. Das gab richtig Ärger damals. Ich erinnere mich an die Schlagzeilen »Kokain-Drafi« und »Drogen-Nino«. Das war meine erste negative Presse. Dass damit alle Bescheid wussten, war nicht so lustig. Dazu hat mich das auch eine ganze beschissene Stange Geld gekostet. Auf jeden Fall sah die Plattenfirma die Zusammenarbeit mit Drafi und mir nicht so gerne. »Wenn wir die beiden zusammenstecken, erscheinen die bei keinem Termin. Die sind immer drauf«, hieß es. Das wäre wahrscheinlich auch so gewesen, wer weiß, wie viele Konzerte wir überhaupt gespielt hätten, wenn man uns zusammen auf Tour gelassen hätte. Wahrscheinlich wäre es eine geile Tour geworden, aber mit Sicherheit anstrengend.

Drafi nahm diesen Zoff mit meiner Plattenfirma persönlich. Er gab mir zwar nie die Schuld daran und stand als Freund weiterhin zu mir, aber er war ein Mann mit Prinzipien. »Solange du mit diesen Produzenten weiterarbeitest, bekommst du von mir keine Titel mehr«, erklärte er.

Ich konnte seinen Frust verstehen. Polydor hatte ihm schließlich »Jenseits von Eden« zu verdanken und noch weitere Hits. Plötzlich auf dem Abstellgleis zu stehen, tut weh. So kam es, dass er auch die deutsche Version von »You Want Love« nicht mit mir produzierte. Drafi sang das Lied mit Andreas Martin. Es hieß »Du bist alles« und wurde – Überraschung – natürlich ein Hit. Ein Hit, der wieder nicht mir gehörte.

Zurück ins Studio. Wir saßen also zusammen auf seiner Couch und diskutierten stundenlang über verschiedene Versionen. Er wollte zu allem meine Meinung wissen. Drafi trank Korn und zog sich regelmäßig eine Line. Ich saß daneben und schaute zu. Es kam, wie es kommen sollte: Ich geriet in Versuchung. Ich nahm einen Geldschein, rollte ihn zusammen und setzte an. Mit dieser Line endete meine sechsmonatige Abstinenz. Ich war wieder angefixt.

Meiner Frau erzählte ich nichts von meinem Ausrutscher. Ich ging auch weiterhin zu den Sitzungen, allerdings führte mich mein Weg danach meist in die nächste Kneipe. Von der Therapiestunde ab zum Koksen und Saufen. Ich wusste ja, wo sich meine Kumpels rumtreiben und wo es etwas zum Schnupfen gab. Die weiteren Therapiegespräche hätte ich mir sparen können. Ich war zwar anwesend, aber nicht wirklich da. Was mir heute klar ist: Wenn du aufhören willst, Kokain zu konsumieren, musst du das selbst wollen. Nur du allein. Es ist so gut wie unmöglich, dass ein Therapeut dich von den Drogen wegbringt. Es bringt auch nichts, es für die Familie zu tun. Kein Alkoholiker wird trocken, nur weil sich die Frau das wünscht. Solange du nicht bereit bist, die Finger von dem Zeug zu lassen, wird die Sucht gewinnen. Ich war nicht bereit. Das Koks war stärker. Ich weiß nicht, ob mein Therapeut irgendwann schlicht resignierte oder ob er sich den Frust wegsaufen musste, aber bei meiner letzten Sitzung war er sturzbetrunken. Wir hatten uns morgens um neun verabredetet. Er kam über eine Stunde zu spät, konnte weder gerade stehen noch einen geraden Satz formulieren, so voll war er! Er stammelte irgendwas von: »Die Stunde heute fällt aus.« Und ich dachte: »Okay, dann geh ich halt wieder.« Das war meine letzte Sitzung. Wie sollte mich schließlich ein Kerl therapieren, der besoffen zur Therapie erscheint?

Ich gab mir die Schuld an diesem Vorfall. Wahrscheinlich hatte ich ihn zu oft zur Weißglut gebracht. Nichtsdestotrotz hatte sich die Therapie für mich erledigt. Ich seufzte innerlich: »Vergiss es, Nino. Vergiss es. Du bist untherapierbar.«

Seit diesem Tag versuchte ich, mich alleine durch diese »Sucht« durchzuschlagen. Manchmal gelang es mir ganz gut, manchmal nicht. Tja … that's Life!

TIPP 4

Welche Weisheit mir zum Thema Drogen einfällt? Finger weg! Ha, das war einfach! Aber Spaß beiseite: Ich frage mich oft, wie mein Leben verlaufen wäre ohne die Kokserei. Wäre ich noch verheiratet? Wäre ich vom Krebs und den Insolvenzen verschont geblieben? Wer weiß … Wenn mich heute jemand fragt, ob ich zufrieden bin, antworte ich mit Ja. Mein Leben war ein geiler

Ritt. Punkt! Und mein Leben, ebenso die Kokserei, hat mich genau dahin gebracht, wo ich heute stehe. Also kann nicht alles falsch gewesen sein. Das soll kein Freibrief für den Drogenkonsum sein. Aber ich will auch nicht dastehen und mein Leben schlechtreden.

Ich weiß, dass die Drogen für mich eine Art Flucht waren. Es war der einfachste Weg, mich besser zu fühlen. Ich hätte mit einem Motivations-Coach an meiner Unsicherheit arbeiten können, statt mir das Selbstbewusstsein zuzuschnupfen. Ich hätte mich meinen Eheproblemen stellen können, statt den Kummer zu ertränken. Ich ging den leichten Weg. Dass ist das, was ich bereue beziehungsweise was ich heute anders machen würde. Heute würde ich mich meinen Ängsten und meinen Problemen stellen.

Jeder von uns, das habe ich in all den Jahren begriffen, greift in ganz unterschiedlichen Momenten zu Drogen. Mancher trinkt nur auf Familienfesten oder abends alleine auf dem Sofa, andere begeben sich mit Freunden auf einen Trip, weil eben Samstag ist. Was einem guttut oder nicht, muss jeder für sich entscheiden. Wie heißt es so schön: »Die Dosis macht das Gift!« Wichtig ist nur, immer die Kontrolle zu behalten. Wer die Kontrolle verliert, verliert alles.

PS: Zum Schluss noch einen Tipp für alle, die es sich partout nicht nehmen lassen wollen, ab und zu mal gegen das Betäubungsmittelgesetz zu verstoßen: Öfter mal den Dealer wechseln, dann bist du auf der sichereren Seite. So nach dem Motto: »Stoffwechsel tut gut!«

KAPITEL 5

DAS GRAND-PRIX-DESASTER

DER TAG, AN DEM ICH DIETER BOHLEN AUS DER LIMOUSINE WARF

Gesegnet und verflucht … diese verdammte Ironie des Schicksals, die sich mein Leben lang einen Spaß mit mir erlaubt, bewies auch bei meiner Begegnung mit Dieter Bohlen jede Menge schwarzen Humor.

Ich hatte im Sommer 1984 eine Kassette von Dieter in meinen Händen, voll mit Songs, die er gerade geschrieben hatte. Etwas Neues, etwas Geiles, etwas Großes, wie er sagte. Dieter suchte einen Sänger und er wollte unbedingt mich, meine Stimme. Er sagte: »Nino, du hast die beste Stimme auf der Welt!« Soweit zum Segen. Ich nahm diese Kassette und warf sie achtlos weg, wegen eines Streits, mit dem ich nichts zu tun hatte, und eines Versprechens, das ich nie hätte geben dürfen. Im Oktober 1984, also nur ein paar Wochen später, erschien Dieter mit einem anderen Sänger auf der Bühne: dem bis dato völlig unbekannten Thomas Anders. Das Duo nannte er »Modern Talking«, die Debüt-Single »You're My Heart, You're My Soul« wurde – wie wir alle wissen – sofort Nummer eins. Und das in halb Europa. Zur Erinnerung: Ich war derjenige, der dieses Demotape achtlos weggeworfen hatte. Soweit zum Fluch …

Aber von vorne. Ich traf Dieter das erste Mal in Hamburg, das war irgendwann Anfang 1984. Damals stand ich mit »Jenseits von

Eden« auf Platz 1 der Charts. Ich lebte noch in Köln und düste alle paar Wochen mit meinem Porsche hoch an die Elbe. In Hamburg hatte ich mein Management, dort saß ebenso meine Plattenfirma Polydor, in deren Studios meine Alben produziert wurden, und mein Musikverlag Warner Chappell. Hamburg war mein Tor zur Musikwelt. Vielleicht wäre es sogar besser gewesen, in den Norden zu ziehen, aber ich hatte in Köln meine Familie und meine Freunde. Zudem machte mir das Pendeln einen Riesenspaß. Pendeln hieß für mich Porsche fahren. Ich war also gerade bei Warner Chappell, als mir Dieter Bohlen per Zufall im Flur über den Weg lief. Dieter war schon damals gut unterwegs im Business. Er produzierte Songs für den Gitarren-Instrumentalist Ricky King, war mit »Halé, Hey Louise« wochenlang in den Charts. Auch für Bernd Clüver hatte er Lieder komponiert. Ich kannte Dieter, auch die Geschichten über ihn. Im Laufe der nächsten Monate traf ich ihn immer mal wieder im Hamburger Nachtleben. Wir hatten wohl den gleichen Geschmack, was Clubs und Musik betraf, denn überall, wo ich war, tauchte Dieter auf. Oder er war schon da. Bei Dieter gab es keinen Feierabend, das hat sich bis heute wohl nicht geändert. Ich kenne kaum jemanden, der fleißiger und härter gearbeitet hätte als er und das meine ich ernst. Dieter wusste immer, wer gerade ganz oben war und für wen es sich lohnen könnte, etwas zu schreiben. Mit bereits erfolgreichen Leuten ließ sich leichter Geld verdienen. Genau deshalb war er auch hinter mir her. Ich war angesagt, aber noch unverbraucht. Das hatte Potenzial. Regelmäßig kam Dieter auf mich zu und meinte: »Hey Nino, lass uns doch mal was zusammen machen. Komm, das wird super!« Er meinte, er sei viel am Komponieren, da sei bestimmt was für mich dabei. Er würde sich um alles kümmern, texten und produzieren, ich müsste nur singen. Natürlich hat es mir geschmeichelt, und gereizt hat es mich sowieso.

Aber ich blieb distanziert, gab ihm nichtssagende Antworten wie »Lass uns mal bei Gelegenheit in Ruhe darüber quatschen.« Für mich war die Sache damit erledigt, nicht aber für Dieter.

Sommer 1984. Ich hatte mir gerade einen nagelneuen Ferrari gegönnt und fuhr damit durch Hamburg. Ein Ferrari hatte für mich immer einen besonderen Reiz. So ein Auto kann sich normalerweise nur der leisten, der sich bis ganz nach oben gearbeitet hat auf der Karriereleiter. Ich war an dieser Spitze angekommen und hatte mir so einen Traumwagen verdient. Im Laufe der Jahre hatte ich elf Porsche und vier Ferraris. Ich hatte irgendwann sogar beschlossen, Autos zu sammeln. Und so ein richtiger Ferrarist, der muss schließlich mehrere Ferraris haben, ist doch klar. Ich stand also mit meinem italienischen Flitzer an der Ampel, als in meinem Rückspiegel ein Lotus Esprit auftauchte. Mit Dieter Bohlen am Steuer. Er hielt an, stieg aus und klopfte an meine Scheibe. Als ich das Fenster runterließ, drückte er mir diese Kassette in die Hand. Er sagte: »Hör dir das unbedingt an. Da sind Songs drauf. Das ist bestimmt was für dich dabei.«

Allerdings konnte ich aus privaten Gründen damals nicht mit Dieter Bohlen zusammenarbeiten. Ich saß, wie man so schön sagt, zwischen zwei Stühlen. Auf der einen Seite Dieter, der mich mochte und an mich glaubte. Auf der anderen Seite mein Kumpel Volker Lechtenbrink, der Dieter hasste. Volker und ich waren zu dieser Zeit ziemlich dicke befreundet. Volker ist ein feiner Kerl, der richtig was auf dem Kasten hat. Guter Musiker, guter Schauspieler. Warum sich Volker und Dieter nicht ausstehen konnten, darauf will ich gar nicht näher eingehen. Nur so viel sei gesagt: Es gab Stress wegen einer Frau. Lange bevor ich persönlich auf Dieter traf, hatte sich Volker seinetwegen bei mir ausgekotzt. »Versprich mir eins, Nino«, bat er mich, »mit dem arbeitest du bitte niemals zusammen, okay?« Und ich antwortete voller Loyalität: »Kein Problem Volker, du hast mein Wort!« Ich bin ein Mensch, der zu seinen Versprechen steht. Ein Handschlag ist für mich genauso bindend wie ein Vertrag. Ich hatte Volker mein Wort gegeben und damit jegliche Zusammenarbeit mit Dieter von vornherein ausgeschlossen, ohne Wenn und Aber.

Da stand ich also an der Ampel, mit einem euphorisch grinsenden Dieter vor meinem Autofenster und einer Kassette in meinen Händen, die sich wie Verrat anfühlte. Die Ampel wurde grün. Ich fuhr geradeaus und sah, wie Dieter den Blinker setzte und nach rechts abbog. Ich kann mich erinnern, dass ich diese Kassette während der Fahrt noch eine ganze Weile auf meinen Schoss liegen hatte. Ich dachte über meinen Erfolg nach, daran, dass ich gerade 2,5 Millionen Mark auf dem Konto hatte. Ich brauchte Dieter und seine Songs nicht, was im Nachhinein natürlich arrogant und bescheuert war. Ich dachte über Freundschaft nach und war überzeugt, das Richtige zu tun. Ich dachte an Volker und an mein Versprechen. »Was soll's«, seufzte ich. Ich ließ das Beifahrerfenster herunter und schleuderte die Kassette ungehört an der nächsten Kreuzung raus auf den Gehweg.

Ich weiß bis heute nicht, was auf dieser Kassette war. Aber ich bin überzeugt davon, dass es das erste »Modern Talking«-Demotape war. Das passte zeitlich einfach. Dieter sprach ja von etwas Neuem und er war auf der Suche nach einem Partner. Und wie gesagt: Ein paar Wochen später stürmte er mit »You're My Heart, You're My Soul« die Charts. Vielleicht hätte ich mir diese Kassette doch lieber anhören sollen … anstatt diese Karrierechance achtlos wegzuwerfen. Hinterher ist man bekanntlich immer klüger. Für Dieter hatte meine Entscheidung keinen Nachteil. Im

Gegenteil, ich bezweifle, ob Dieter und ich denselben Erfolg erzielten hätten wie er und Thomas Anders. Das war die Optimalbesetzung. Das passte und das muss man neidlos anerkennen. Trotzdem ist es bitter, denn »Modern Talking« verkaufte über 100 Millionen Platten weltweit.

Meine Loyalität sollte mir zwei Jahre später die nächste Chance verbauen.

Wieder war es Dieter, der auf mich zukam. Ich hätte vermutet, dass er vielleicht nachtragend wäre wegen dieser Kassettengeschichte. Aber Dieter ist ein Geschäftsmann durch und durch, der sich aus falschen Eitelkeiten niemals einen Haufen Geld entgehen lassen würde. Da hat er mir jede Menge voraus. Dieter hat dazu ein kommerzielles Gehör und ein Gespür für Songs, die durch die Decke gehen. Man kann über ihn sagen, was man will, aber er ist neben Frank Farian einer der besten Produzenten und Komponisten Deutschlands.

Nach unserer Begegnung an der Ampel ging es für ihn auf jeden Fall steil nach oben. Nicht nur mit »Modern Talking«, Dieter schrieb auch Lieder fürs Fernsehen, unter anderem den Soundtrack für den Tatort »Tausch« mit Götz George. An den Krimi erinnere ich mich nicht, an das Lied schon. Es war »Midnight Lady«. Eine tolle Ballade. Dieter hatte diesen Song komponiert und mit Chris Norman aufgenommen, dem früheren Leadsänger von »Smokie«. Das Lied schoss direkt nach der »Tatort«-Ausstrahlung auf Platz 1. Es war brutal, wie dieser Song abgegangen ist. Da hatte er mal wieder den richtigen Riecher gehabt. Dass englische Songs mit einem deutschen Text sogar erfolgreicher sein können als das Original, dafür bin ich mit »Jenseits von Eden« der lebende Beweis. »Guardian Angel« ist ein grandioser Song, aber er kam an mein Cover nicht heran. Vielleicht wollte Dieter genau deshalb mit mir zusammenarbeiten. Was einmal funktioniert hat, funktioniert in der Regel auch ein zweites Mal.

Dieter beschloss also, eine deutsche Version von »Midnight Lady« zu produzieren. Irgendwann 1986, ich glaube, es war im April, klingelte Dieter bei mir durch und sagte: »Du, ich habe gerade mit Chris Norman die Nummer eins gemacht und will jetzt die deutsche Version herausbringen. Ich habe das zwar bereits mit Roland Kaiser aufgenommen, aber wenn du die Nummer machen willst, dann gebe ich sie dir. Dann ist er raus und du bist drin.« Ich bin mir nicht sicher, ob Roland das überhaupt weiß, aber Dieter wäre in der Tat bereit gewesen, ihn für mich über die Klinge springen zu lassen. Wieder dachte ich an Volker und an mein Versprechen. Zudem war ich zu loyal, um meinen eigenen Produzenten Joachim Horn-Bernges für Dieter einzutauschen. Ich gab ihm den Korb darauf direkt am Telefon: »Nee, Dieter, will ich nicht.« Er war völlig verdutzt, er konnte es kaum glauben, dass ich ablehne. Schließlich war »Midnight Lady« auf Platz 1 und ein absoluter Ohrwurm. Dass die deutsche Nummer ebenso abgehen würde, stand außer Frage. »Nino, das wird ein Hit. Wie kannst du Nein sagen?«, hakte Dieter nach. Ich erfand eine Notlüge und erklärte, dass ich mich verändern und rockiger werden wollte. Das würde musikalisch gerade nicht passen. Ich denke aber, dass Dieter wusste, warum ich wirklich abgelehnt hatte. Er wusste um meine Freundschaft mit Volker. Aber dass meine Loyalität so weit ging, dass ich deswegen meine eigene Karriere sabotierte, verstand er nicht Und er dachte wohl: »Wie bescheuert ist dieser Nino eigentlich? Der lässt sich Millionen durch die Lappen gehen.« Er hatte recht.

Kurz nach unserem Telefonat erschien mit »Einsam wie ich« die angekündigte deutsche Version von »Midnight Lady«. Für Roland Kaiser wurde es ein Wahnsinnshit, er gewann mit diesem Song die ZDF-»Hitparade«.

Dass ich letztendlich doch mit Dieter Bohlen gearbeitet habe, verdanke ich der Sturheit Dieters und der Vernunft meiner damaligen Frau. Gegen diese Kombi war ich machtlos. Dieter klopfte 1988 ein drittes Mal bei mir an. Es ging um den »Grand Prix de la Chanson«, den heutigen »Eurovision Song Contest«, der ein Jahr später in Lausanne ausgetragen wurde. Erstmals sollte es für den Grand Prix einen Vorentscheid geben mit neuen Regeln. Die zehn erfolgreichsten deutschen Produzenten und Komponisten durften sich jeweils einen Sänger aussuchen und mit diesem gemeinsam einen Song einreichen. Der Gewinner würde für Deutschland singen. Die Idee war klasse und der Ehrgeiz der Produzenten dementsprechend riesig. Alle großen Produzenten waren am Start. Von Ralph Siegel, der mit Nicole und »Ein bisschen Frieden« bereits 1982 den Grand Prix gewonnen hatte, bis Harald Steinhauer, der 1986 mit Juliane Werding das Hit-Album »Stimmen im Wind« produzierte. Gleich vier der erfolgreichsten Produzenten riefen in diesen Tagen bei mir an, um mit mir am Grand Prix teilzunehmen. Ich war als Sänger nun mal eine sichere Bank. Gesanglich war ich schließlich schwer zu toppen. Einer dieser vier Produzenten, die bei mir anriefen, war Dieter Bohlen. An seine Wortwahl am Telefon erinnere ich mich, als wäre es gestern gewesen: »Wenn du mit mir den Grand Prix machst, dann schmeiße ich dir einen riesigen Stein in den Vorgarten.« Dieter schrieb gerade den Soundtrack für die Fernsehserie »Rivalen der Rennbahn« mit Thomas Fritsch und Maja Maranow. Und er versprach: »Wenn du mit mir den Grand Prix machst, kannst du zwei dieser Titel auf dem Soundtrack haben.«

Das Timing von Dieters Angebot hätte nicht besser sein können. Ich hatte zwischen 1986 und 1988 nicht gerade viel Erfolg. Um ehrlich zu sein, es lief gar nichts. Ich saß mit Joachim Horn-Bernges gerade an meinem neuen Album, aber uns fehlte leider noch der Knaller, damit das Album durch die Decke ginge. Ich spürte, dass mir Dieter genau diesen Knaller liefern würde. Schließlich war es meine clevere Ex-Frau, die mich zur Vernunft brachte. »Mensch, Nino, in Gottes Namen, sag dieses Mal bitte zu«, bekniete sie mich. »Dieter rennt dir jetzt schon seit vier Jahren hinterher. Nur weil du Volker dein Wort gegeben hast, kannst du dir nicht schon wieder so eine Chance entgehen lassen.«

Ich hatte in dieser Zeit zu Volker kaum mehr Kontakt, wir hatten uns schlicht aus den Augen verloren. Er machte mehr Schauspiel, ich blieb bei der Musik. Es wurde Zeit, an mich zu denken. Eine vierte Chance würde ich von Dieter nicht bekommen, was sich Jahre später übrigens bewahrheiten würde. Also sagte ich ihm zu. Allerdings unter zwei Bedingungen. Erstens: Ich suche mir die beiden Titel auf dem Soundtrack aus. Zweitens: Ich entscheide, mit welchem Lied wir beim Grand Prix antreten.

Dieter war einverstanden.

Kaum gab ich Dieter meine Zusage, saß er bei uns in Köln zu Hause auf dem Sofa. Er hatte meine Frau und mich besucht, um persönlich das weitere Vorgehen zu besprechen. Wer Dieter im Fernsehen erlebt, hat oft ein falsches Bild von ihm. In der Öffentlichkeit lässt er gerne den Macker raushängen und schlägt mit fiesen Sprüchen nur so um sich. Der private Dieter ist ganz anders. Er ist nett, höflich, zuvorkommend, ein wirklich lieber Kerl. Mit ihm war ich mir schnell einig. Er hatte sämtliche Lieder von seinem neuen TV-Soundtrack dabei und spielte sie mir nacheinander vor. Ich entschied mich für »Don't Kill It Carol« und für »Samuraj«. Letzteres wollte ich unbedingt singen, das war ein Knallersong. Das Problem war allerdings, dass dieser Titel ursprünglich für Ricky Shayne reserviert war. Aber ich blieb stur. Ich sagte zu Dieter: »Ich will dieses Lied, das war so besprochen. Gib mir diese beiden Titel, dann mache ich mit dir den Grand Prix.«

Er nickte und wir besiegelten diesen Deal mit einem Handschlag. Ganz die alte Schule. 1989 erschien der Soundtrack zu »Rivalen der Rennbahn« mit meinen beiden Songs »Samuraj« und »Don't Kill It Carol«. Rickys Nummer war passé. Er hatte dafür eine andere Nummer bekommen, die hieß: »Once I'm Gonna Stay Forever.« Der Soundtrack zu »Rivalen der Rennbahn« hielt sich 27 Wochen in den deutschen Charts, kletterte hoch bis auf Platz 2. Auch in Österreich und in der Schweiz landete der Soundtrack in den Top Ten.

Dieter besaß das Talent, aus Erfolg noch mehr Erfolg herauszuschlagen. Wir haben »Samuraj« zeitgleich als Single auf den Markt gebracht und es bis in die Top Ten geschafft. Neben »Don't Kill It Carol« haben wir kurzerhand zehn weitere Songs produziert, alle auf Englisch, und 1989 direkt das Album »Samuraj« hinterhergeschoben.

Nun stand dem Projekt »Grand Prix« nichts mehr im Wege. Die erste Hürde, die wir dazu nehmen mussten, war der Vorentscheid im Deutschen Theater in München. Ich weiß noch, wie die Medien es als das Duell zwischen Ralph Siegel und Dieter Bohlen ankündigten, das Duell der Titanen. Aber zuerst musste noch ein Siegersong her. Dieses Mal fuhr ich hoch zu Dieter nach Hamburg.

Fragt nicht, warum, ich habe es vergessen … aber wir trafen uns nicht in seinem Studio, sondern saßen entspannt in seinem Mercedes SL Cabrio. Er steckte eine Kassette ins Deck und drehte auf. Da waren zehn Titel drauf, jedes Lied rund anderthalb Minuten lang – also Vers, Refrain und Ende. So fiel einem die Auswahl leichter. Es waren übrigens all jene englischen Songs, die wir später für mein »Samuraj«-Album verwendeten. Dieter hatte zwar einen anderen Song favorisiert, aber ich entschied mich für »If There Is One Thing That's Forever«. Die Melodie passte zu mir.

Okay, das war leicht. Der schwierige Teil kam danach. Denn ein deutscher Text musste her und ich wollte, dass Joachim Horn-Bernges dieses Lied für mich schreibt. Joachim hatte alle meine Lieder getextet, auch »Jenseits von Eden«. Ich wusste, wie gut er war. Doch Joachim war eben nicht nur mein Texter, sondern auch mein Produzent. Wie sollte ich ihm erklären, dass ich mit Dieter Bohlen nicht nur einen neuen Produzenten habe, sondern ich seinen Song auch in unserem geplanten Album wolle? »If There Is One Thing That's Forever« sollte dieser Knaller werden, der uns noch fehlte. Dieter war überzeugt, dass Joachim uns bei diesem Vorschlag die Tür vor der Nase zuschlagen würde. »Das macht der niemals. Der schreibt niemals den Text. Der mag mich nicht«, sagte Dieter.

Dieter hatte recht, Joachim war nicht gut auf ihn zu sprechen, aber er war auch ein Vollprofi. Da spielten Gefühle keine Rolle. Und so wurde aus »If There Is One Thing That's Forever« mein »Flieger«-Lied. Das englische Original landete in meinem »Samuraj«-Album, die deutsche Version wurde der Namensgeber meines deutschen Albums »Flieger«. Dieter hatte später mit »Laureen« noch einen zweiten, deutschen Song beigesteuert, die anderen acht Lieder kamen von Joachim und mir.

Joachim und Dieter produzierten danach noch jede Menge Sachen gemeinsam. Unglaublich. Die beiden scheffelten noch richtig Geld. Aber das sei ihnen gegönnt. Ich gönne jedem alles.

Der Song »Flieger« wurde im wahrsten Sinne des Wortes zum Überflieger. Der Vorentscheid kam und ich hatte das Ding gerockt, aber so richtig. Der Gewinner wurde erstmals per Televoting-Verfahren ermittelt, das heißt, er wurde nicht von einer Jury bestimmt, sondern von den Zuschauern zu Hause. Und die Wahl hätte deutlicher nicht sein können. Ich bekam exakt 14 625 Stimmen, das waren 30 Prozent mehr Stimmen als das zweitplatzierte Lied »Einen Traum für diese Welt« von der Gruppe »Xanadu«. Und doppelt so viele Stimmen wie der drittplatzierte Ralph-Siegel-Song »Ich hab' Angst«, mit dem er Dorkas Kiefer chancenlos ins Rennen schickte. So viel zum Thema Titanen-Duell. Ich strahlte. Dieter strahlte. Wir hatten beide erreicht, was wir wollten. Es war geil anzusehen, wie sich auf einmal alle lieb hatten. Selbst die beiden Streithähne Dieter und Joachim lagen sich nach diesem Sieg glücklich in den Armen. Irgendwann nahm mich Dieter in so einen väterlichen Schwitzkasten und flüsterte mir ins Ohr: »Und von diesem Lied verkaufen wir jetzt zwei Millionen Alben.« Und ich sagte nur: »Dieter, dein Wort in Gottes Ohr.«

Was Dieter anfasst, wird zu Gold. Immer. Wirklich immer. Dass mal wieder ausgerechnet ich diese eine Ausnahme von der Regel sein würde, sollte mich eigentlich gar nicht mehr wundern. Einmal verflucht, immer verflucht. Bei mir hatte Goldesel Dieter wohl zum ersten Mal Verstopfung. Der Grand Prix wurde zur Katastrophe. Und das, obwohl wir nach diesem Vorentschied zu den heißen Favoriten zählten. Die Buchmacher setzten meinen »Flieger« einheitlich auf Sieg.

Rückblickend betrachtet lief alles schief, was hätte schieflaufen können. Angefangen bei der Delegationsparty in Hamburg. Wie beim Grand Prix üblich, veranstaltet jedes Land für seine Kandidaten eine Party. Mit einer Mega-Leinwand und einer Live-Übertragung direkt zum Grand Prix, also in meinem Fall von Hamburg nach Lausanne. Meine Plattenfirma hatte meinen »Flieger«-Song zum Anlass genommen, die gesamte Halle mit großen Modellflugzeugen zu schmücken. Es war sicherlich gut gemeint und hat dazu einen Haufen Geld gekostet. Aber gut gemeint ist nicht automatisch gut gemacht. Leider. Und so hingen bei dieser Party überall diese zwei bis drei Meter lange Flugzeuge mit Drahtseilen von der Decke herunter. So riesige Doppeldecker, die dummerweise an die B-2-Kriegsflugzeuge aus dem ersten Weltkrieg erinnerten. Im Prinzip sah es in dieser Halle aus wie bei einem Luftangriff von 1918. Bomben sind zwar keine gefallen, der Schaden war dennoch riesig. Denn als die israelische Delegation diese »deutsche Flieger-Halle« betrat, machte sie entsetzt auf dem Absatz kehrt. Das ging sofort durch die Presse. Auf einmal hieß es, dass Lied sei rechtspopulistisch. Natürlich hatten wir das niemals im Sinn und ich möchte mich hier noch einmal ganz deutlich von jeglichem rechten Gedankengut distanzieren. Aber wer es falsch verstehen wollte, für den war mein »Flieger«-Song ein gefundenes Fressen. Meine Songzeile »Ich hab' die Zeit nie ganz vergessen, als wir noch Flieger waren« bekam in Verbindung mit den Kriegsflugzeugen eine Botschaft, die meinen eigenen Sieg bombardierte. Die Party wurde zum Anlass genommen, den Song nicht zu mögen. Nino de Angelo nicht zu mögen.

Um ehrlich zu sein, ich hätte mir den Grand Prix ab diesem Moment sparen können. Ich hätte nach Hause gehen sollen. Denn nun wurde ich von allen Seiten boykottiert. Die Generalprobe war ein Desaster. Die Monitorbox fiel aus unerklärlichen Gründen aus und ich musste ins Blaue singen, weil ich mich selbst nicht hören konnte. Obendrein war alles völlig falsch abgemischt, es klang furchtbar. Ich weiß noch, dass beim Soundcheck alles in Ordnung war, aber auf einmal schienen sämtliche Einstellungen gelöscht. Wir haben versucht zu retten, was zu retten ging, aber die Zeit langte nicht und der Sound blieb beschissen. Das war kein Zufall. Dazu kam, dass Dieter und ich uns während der Proben gezofft hatten und er weder bei der Generalprobe noch bei meinem Auftritt einen Fuß in die Regie setzte, um mich am Mischpult zu unterstützen. Alles lief schief. Und dann passierte das, wovor ich am meisten Angst hatte: Ich ließ mich von dieser Unruhe anstecken. Eigentlich war ich ein »alter Hase« auf der Bühne. Gib mir ein Mikro und ich rocke das Haus. Aber an diesem Abend war ich ein Nervenbündel. Geh auf die Bühne raus mit dem Wissen, dass der Sound scheiße ist und das Publikum voreingenommen. Ich war so angespannt, dass ich meinen Einsatz versaute. Ich sang zwei Takte zu früh. Ich korrigierte es sofort und stieg richtig ein, aber das durfte natürlich nicht passieren, wenn ganz Europa vor dem Fernseher saß.

Aber nichtsdestotrotz glaube ich, dass unsere schlechte Platzierung eine rein politische Entscheidung war. Nur von elf Ländern gab es überhaupt Punkte für uns; je 7 Punkte von Dänemark und Italien waren letztlich sogar die höchste Ausbeute. Vom Nachbarn Schweiz gab es 6 Punkte, von England und Zypern je einen Trostpunkt.

Die Höchstpunktzahl von 12 Punkten bekamen wir nicht ein einziges Mal. Von Israel war nichts zu erwarten. Dass es aber auch von Österreich die Null-Punkte-Schelle gab, schmerzte wie eine schallende Ohrfeige. Somit kamen wir mit dem »Flieger«-

Lied auf gerade mal 46 magere Punkte. Platz 14. Die Presse titelte: »Bruchlandung für Ninos Flieger«.

So viel zu Dieters Prophezeiung, von diesem Lied Millionen zu verkaufen. Vielleicht war es auch ein schlechtes Omen, dass im Vorfeld goldene Gewinner-Uhren von der Plattenfirma bestellt wurden. Die waren von einer Schweizer Marke, unglaublich teuer, hinten war schon alles eingraviert; »Grand Prix« und »Lausanne«, nur die Platzierung fehlte noch. Die Uhren sollten eine Erinnerung an unseren Grand-Prix-Höhepunkt werden. Dieter warf seine aus Wut direkt in den nächstbesten See. Ich behielt meine, verlor sie aber irgendwann. Irgendwie passend.

Gewonnen hatte damals völlig überraschend die Band »Riva«. Mit ihrem »Rock Me« holten sie sich verdient den Sieg und damit den Grand Prix nach Jugoslawien. 137 Punkte waren top. Großbritannien wurde zweiter, Dänemark dritter. Thomas Forstner aus Österreich sicherte sich mit »Nur ein Lied« und 97 Punkten den 5. Platz. Warum ich den 5. Platz erwähne? Weil der Produzent des Niederösterreichers kein Geringerer war als Dieter Bohlen.

Dieter hatte in diesem Grand Prix zwei Rennen parallel laufen, aber davon erfuhr ich erst in Lausanne. Nach unserem Delegationsdesaster mit den Modellfliegern hatte er sich wohl schon ausgerechnet, dass wir keine Chance mehr auf den Sieg hätten. Darum galt seine ganze Aufmerksamkeit in der Schweiz seinem zweiten Schützling Thomas. Ich war abgeschrieben. Er saß während meines Auftritts nicht mal in der Regie. Ich will nicht behaupten, dass wir wegen Thomas Forstner nur den 14. Platz beim Grand Prix erreicht haben, aber wäre Dieter damals an meiner Seite geblieben, wäre ich definitiv nur halb so nervös gewesen.

Und dass wir uns vor diesem Aufritt gezofft hatten, war auch nicht hilfreich.

Heute kann ich über die Szene lachen. Vor allem, wenn ich an Dieters Gesicht denke, als ich ihn hochkant aus meiner Limousine geworfen hatte. Wir waren damals schon ein paar Tage in Lausanne, um genügend Zeit für Proben und Soundcheck zu haben. Ich weiß noch, dass ich Dieter wegen irgendwas in der Halle gesucht hatte. Dann sah ich ihn mit Hannes Rossacher und Rudi Dolezal an einem Tisch in der Lobby sitzen. Rossacher und Dolezal waren zwei abgefahrene Videocracks aus Österreich, die unter dem Namen »DoRo« für renommierte Stars wie Falco arbeiteten. Die beiden waren der Wahnsinn, mit denen im Team konntest du richtig was reißen. Ich bin also zu Dieter an den Tisch, um ihn zu begrüßen, aber er ignorierte mich völlig. Kein »Hallo«, nichts. Er tat so, als ob wir uns nicht kennen würden. Ich wusste erst gar nicht, wie mir geschieht.

Ich erkundigte mich danach, was Dieter mit diesen beiden Österreichern zu besprechen hatte und erfuhr, dass es SEIN Team war. Er war mit Thomas Forstner und »DoRo« ebenso am Start. Das am Tisch war kein Plausch, das war eine Teambesprechung. Ich war sowas von angepisst. Dieter war nicht nur meinetwegen beim Grand Prix in Lausanne; nein, er musste unbedingt noch für Österreich ins Rennen gehen.

Am selben Abend, ich hatte mich gerade bei meiner damaligen Frau über Dieters Benehmen aufgeregt, kam der Fahrer unserer Limousine zu mir. Meine Plattenfirma hatte während des gesamten Grand Prix zwei fette Stretch-Limousinen bereitgestellt – eine für die Geschäftsführung der Plattenfirma und eine für den Künstler, also mich. Die Limo war auf Standby. Egal, wann und wohin ich wollte, mein Fahrer war bereit. Das hatte schon Hollywood-Feeling. Jetzt stand also mein Fahrer vor mir und meinte: »Nino, Dieter Bohlen möchte mit Dolezal und Rossacher zum Essen fahren. Die sitzen schon in deiner Limousine. Herr Bohlen sagt, das gehe klar. Hast du da etwas dagegen?«

Und wie ich was dagegen hatte. Schlimm genug, dass ich das Gefühl hatte, von Dieter im Stich gelassen zu werden. Dass er auch noch die Dreistigkeit besaß, sich mit meiner Konkurrenz in meine Limo zu setzen, das brachte das Fass zum Überlaufen. Die grüßten mich nicht einmal und wollen dann von mir rumkutschiert werden? Nix da! Ich lächelte meinen Fahrer an und meinte nur: »Lassen Sie die Herrschaften bitte wieder aussteigen. Sagen Sie, der Wagen sei für Herrn Nino de Angelo reserviert.«

Und das hat er gemacht, das war so geil. Er ließ Dieter und die Jungs von »DoRo« wieder aussteigen. Die standen da wie drei begossene Pudel. Die Demütigung war auch der Grund für den besagten Streit vor meinem Auftritt. Dieter sah mir danach nicht mal mehr in die Augen. So endete meine anfangs so vielversprechende Zusammenarbeit mit Dieter. Wir hatten nach dem Grand Prix noch einmal kurz miteinander gesprochen. Und wir waren uns einig, dass das mit uns keine Zukunft hatte. Gesegnet und verflucht, kann man da nur wieder sagen. Da hast du endlich mal wieder Erfolg, da hast du einen Dieter Bohlen an der Seite, und gleich zwei Alben am Start. Und dann kackst du beim Grand Prix ab wegen so einer blöden Scheiße.

2002 versuchte ich es noch einmal beim Grand Prix, der 2001 in »Eurovision Song Contest« umbenannt wurde. Mein Titel hieß: »Und wenn du lachst«. Doch beim deutschen Vorentscheid in Kiel verlor ich das ESC-Ticket gegen Corinna May. Corinna landete in Tallin auf Platz 21. Da war Platz 14 doch gar nicht mal so übel …

Ich werde oft gefragt, wie heute mein Verhältnis zu Dieter Bohlen ist. Ob wir uns seit dem Grand Prix meiden würden? Dieter und ich sind zwar völlig verschiedene Typen. Er ist erfolgs- und geldorientiert. Wenn er nichts verdienen kann, hat er keinen Bock zu arbeiten. Aber er ist nicht nachtragend, und da sind wir uns ähnlich. Wir hatten bis zum Grand Prix eine super Zeit miteinander, wir waren viel unterwegs, hatten wirklich viel Spaß. Es hat einfach nicht sollen sein. Dennoch ist Dieter ein sehr, sehr lieber Mensch. Wir stehen bis heute im Kontakt, telefonieren regelmäßig miteinander. Okay, erst herrschte eine Weile Funkstille. Aber nachdem jeder von uns Dampf abgelassen hatte und sich beruhigte, war unser Streit vergessen. Und so haben wir auch nach dem Grand Prix miteinander gearbeitet.

1998 hatte Dieter mit »Modern Talking« sein Comeback. Er nahm seine alten Songs und produzierte sie neu, moderner. Dazu brauchte er Sänger, die sehr hoch singen können, so Bee-Gees-like. Das konnte ich vor meiner Stimmbandlähmung und Stimmband-OP natürlich hervorragend. So kam es, dass ich ihm bei allen drei »Modern Talking«-Alben die Hintergrundchöre eingesungen habe, gemeinsam mit zwei anderen Sängern. Was soll ich sagen: Sein »Back for Good«-Album verkaufte sich wie geschnitten Brot. Auch bei »Deutschland sucht den Superstar« holte er mich ins Boot. Er rief mich oft an und bat mich, ihm etwas einzusingen. Das habe ich immer gerne gemacht. Ich hätte mir nur gewünscht, dass er uns, also unserer Zusammenarbeit, noch eine Chance geben würde. Vor allem in einer Zeit, in der es mir wirklich schlecht ging. Aber diese vierte Chance wollte er mir nicht geben. Dieter ist in seinen Ansichten ganz klar. Ich kann mich noch an seinen Wortlaut erinnern: »Nino, du bist der beste Sänger – so geil wie du ist keiner –, aber du verkaufst ja keine Schallplatten. Was sollen wir denn machen? Das bringt doch nichts. Du verkaufst halt keine mehr.« Ich an seiner Stelle hätte zwar gesagt: »Hey Nino. Scheiß egal. Ich schreib jetzt was und wir machen was Geiles.« Er hat diese Macht im deutschen Musikbusiness und er hätte mich locker rausholen können aus dem Tief. Aber das sah er nicht als seine Aufgabe. Und ich konnte ihm nicht mal widersprechen.

Jemand wie Dieter hat nicht nur Freunde, das ist klar. Erfolg macht einsam, Erfolg eckt an. Dazu hat er zu oft die Dollarzeichen in den Augen gehabt und ging dann leider auch über Leichen. Mich hat das aber nie gestört, hey … nobody is perfect. Ich arbeite nach wie vor sehr gerne mit ihm zusammen, aber ich kenne genügend Künstler, die Dieter Bohlen genau deshalb meiden wie die Pest. Dieters Art kommt nicht bei allen gut an. Ich kann mich an ein Gespräch mit Chris Norman erinnern. Chris und Dieter hatten gemeinsam mit »Midnight Lady« einen Welthit gelandet, trotzdem meinte Chris zu mir: »Nee, lass mich mit dem bloß ihn Ruhe.« Auch die englischen Texte von Dieter waren für viele zu »einfach gestrickt«. Chris war nicht ganz so begeistert, solche englischen Bananentexte singen zu müssen. Aber da ließ sich Dieter nun mal nicht reinquatschen. So tickte halt jeder anders. Ich würde mir niemals anmaßen, einem Engländer einen englischen Song vorzusetzen, ohne ihn textlich ins Boot zu holen.

Chris Norman kann das bestätigen. Wir hatten 2002 das Duett aufgenommen: »Ich mach meine Augen zu, Everytime I Close My Eyes«, das war ein Mix aus deutsch und englisch. Ich übernahm logischerweise den deutschen Part, Chris sang englisch. Getextet hatten wir den Song zusammen, beziehungsweise hatte ich den Großteil des Songs geschrieben, auch den englischen

Teil, aber ich hatte Chris gebeten, dem Ganzen noch den nötigen Feinschliff zu verpassen. Ich bat ihn auch, über die Grammatik zu gehen und den Text so zu ändern, damit er sich wohlfühlt damit. Wir hätten als Duo richtig durchstarten können, aber das Schicksal grätschte mal wieder brutal dazwischen. Während unserer Zusammenarbeit verlor Chris Norman seinen ältesten Sohn. Brian Norman war mit seinem Motorrad unterwegs, als er von einem Geisterfahrer frontal erfasst wurde. Er hatte keine Chance, und erlag kurz danach im Krankenhaus seinen schweren Verletzungen. Chris kämpfte sich durch dieses Schicksal wie ein Löwe. Er musste stark bleiben, auch seiner Frau und seinen anderen vier Kindern zuliebe. Trotzdem brachte ihn dieser Verlust fast um. Ich bewundere ihn heute noch dafür, dass er nach Deutschland gekommen ist, um mit mir den geplanten Fernsehauftritt durchzuziehen. Aber danach kümmerte er sich erstmal um seine Familie. Ich war seit jeher ein »Smokie«-Fan, und seit diesem Erlebnis ein noch größerer Fan von Chris Norman.

Ich halte von Dieter sehr viel und habe Respekt vor seiner Leistung. Auch wenn es im Nachhinein gesehen nicht sehr respektvoll war, ihn damals aus meiner Limousine aussteigen zu lassen. Ich hätte locker drüberstehen müssen, aber in diesem Moment sind eben zwei arrogante Arschgeigen aufeinandergeprallt. Ich war eben sauer. Und hey, was soll ich dazu sagen: Don't fuck around with Nino.

TIPP 5

Was ich aus dieser Zeit gelernt habe, sind zwei Dinge. Erstens: Wenn du Erfolg haben willst, musst du ab und zu ein Arschloch sein. Zweitens: Wenn du ein Arschloch bist, dann stehe wenigstens dazu. Entschuldige dich und trage die Konsequenzen.

Der erste Punkt bezieht sich leider nicht auf mich. Leider deshalb, weil ich mir durch meine manchmal zu weiche Art einige Chancen vermasselt habe. Der Standarspruch eines meiner Kumpels lautet: »Sei lieber fünf Minuten ein Arsch als ein Leben lang der Depp.« Da ist was Wahres dran. Das soll keine Aufforderung zum Egoismus sein oder die Anleitung zum Narzissmus. Davon gibt es in unserer Showbranche schon zu viel. Aber ab und zu mal an sich zu denken, ist erlaubt. Schade, dass diese Einsicht oft so spät kommt.

Und was das Entschuldigen angeht: Früher hielt ich es für eine Schwäche, einen Fehler zuzugeben. Heute weiß ich, dass du daran wächst. Es ist nicht leicht einzugestehen, etwas falsch gemacht zu haben. Merkwürdigerweise geht uns eine »Entschuldigung« leichter über die Lippen als ein ehrliches: »Ich habe mich geirrt und habe einen Fehler gemacht«-Statement.

Ich weiß, dass ich vieles im Leben verbockt habe. Das bedeutet nicht, dass ich all diese Fehler bereue, schließlich sind wir als Menschen doch die Summe all dieser Fehler. Aber es tut gut, es mal laut auszusprechen.

»Sorry, ich habe nicht immer Glanzleistungen abgeliefert!«

Der englische Dichter Alexander Pope sagte mal: »Wenn uns Fehler menschlich machen, sollte uns das Eingeständnis des Fehlers und das Bitten um Vergebung göttlich machen.« Das erklärt zumindest, warum so viele sagen: »Oh Gott ... Nino!«

KAPITEL 6

DIESER VERFLUCHTE KREBS

EIN ANRUF, DER ALLES VERÄNDERTE

Es gab eine Zeit, da fühlte ich mich unbesiegbar. Nichts und niemand konnte mich aufhalten, die Welt war nicht groß genug für mich. Ich war schließlich Nino de Angelo. Ein Superstar, der es von ganz unten nach ganz oben packte. Der dem Tod ins Auge geblickt hatte und überlebte, ohne einen einzigen Kratzer im Gesicht. Ich hatte alles im Griff. Ich ließ es nachts auf Partys krachen und schaffte es dennoch, für meine Familie da zu sein – zumindest in meiner oft vernebelten Wahrnehmung. Meine Frau sah das anders. Ich arbeitete zudem gerade mit meinem Kumpel Dieter Dierks, dem Produzenten der »Scorpions«, an einem neuen Projekt. Wie gesagt, ich hatte einen Lauf. Wer bitte sollte mich stoppen?

Es genügte dafür ein einziger Anruf. Ein 30-Sekunden-Gespräch, das meine heile Seifenblasen-Welt von jetzt auf gleich zerplatzen ließ. Ich erinnere mich, dass bei uns daheim das Telefon klingelte. Ich war im Wohnzimmer, meine Frau im Schlafzimmer. Wir hatten mehrere Telefone im Haus verteilt. Sie war schneller als ich und nahm das Gespräch mit ihrer fröhlichen Stimme entgegen. Wenn meine Frau telefonierte, war das nicht zu überhören. Sie redete viel und schnell, lachte dabei meist laut und herzlich, und gestikulierte dabei wie wild mit den Händen, auch wenn der andere am Telefon das natürlich nicht sehen konnte. Ich liebte es, wenn sie telefonierte.

Dieses Mal war es anders. Mir fiel es nicht gleich auf, bis ich die Stille erst irritierend, dann unheimlich fand. Ich ging ins Schlafzimmer und sah, dass meine Frau wie versteinert am Bettrand saß, auf einem Podest vor dem Bettgestell. Sie saß einfach da und hörte zu. Sie war so leise, dass ich die Stimme des Anrufers hören konnte. Es war ein Arzt, mein Arzt. Kaum hatte ich realisiert, wer da am Telefon ist, brach meine Frau weinend zusammen. Sie hatte nicht einmal aufgelegt, sondern lag wie ein Häufchen Elend auf dem Bett und heulte hemmungslos. Es war kein leises Schluchzen, es war ein lautes, verzweifeltes Weinen – wie bei einem Trauerfall. So weinst du nur, wenn jemand gestorben ist oder wenn jemand sterben muss. Meine Frau hatte nicht gemerkt, dass ich in der Schlafzimmertür stand, sonst hätte sie sich sicherlich zusammengerissen. Sie dachte, sie wäre allein und könnte ihrer Trauer und ihrer Angst Luft machen. Sie weinte um ihren totkranken Mann, den Vater ihrer beiden Kinder.

An diesem Tag erfuhr ich, dass ich Lymphdrüsenkrebs hatte. Die bösartigste Form, die es gibt. Der Arzt hatte meiner Frau gerade am Telefon erklärt, wie es um mich stand. In diesem Moment dachte ich: »Fuck, das war es jetzt also. Mit 32 machst du einen Abgang.« Ich war fest davon überzeugt, dass ich das nicht überlebe. So viel zum Thema, ich wäre unbesiegbar.

Dass etwas mit mir nicht stimmte, wusste ich schon länger. Wissen ist vielleicht zu viel gesagt, aber ich spürte, dass irgendwas anders war, dass es mir schlechter ging. Ich hatte abgenommen, bestimmt so um die fünf Kilo. Aber das hielt ich für normal, denn ich hatte häufiger Gewichtsschwankungen. Mal waren drei Kilo drauf, dann wieder unten. Ich wachte zwar nachts regelmäßig schweißgebadet auf, aber wer denkt bitte gleich an Krebs? Auch Müdigkeit, Abgeschlagenheit und Leistungsschwäche galten als typische Symptome, aber dann wäre wohl jeder von uns ein Krebs-Kandidat. Hellhörig wurden die meisten erst, wenn sich eine Lymphdrüsenschwellung im Halsbereich bildete, oder – wie bei mir – unter den Achseln. Bei mir kam diese Schwellung über Nacht. Plötzlich war sie da. Ich benutzte früher so einen Deoroller. Aufstehen, Duschen, Zähneputzen und der Griff zum Deoroller, das war mein Morgenritual. An diesem Morgen aber spürte ich unter dem linken Arm einen Widerstand. Ich war mit dem Deoroller über etwas Hartes gefahren. Ich tastete daraufhin meine linke Achsel ab und spürte einen Stein unter der Haut. Rund und knallhart. Dann überprüfte ich die rechte Seite – nichts. Seltsam. Wieder links, wieder rechts. Links dieser Stein, rechts nichts. Als ich den linken Arm hochhielt und die Achsel mit der rechten Hand noch vorne drückte, war der runde Knoten deutlich zu sehen. Und ich dachte: »Um Gottes Willen, was ist denn das für ein Scheiß!«

Es war sonntags. Und ich war an diesem Tag mal wieder mit Dieter Dierks in seinem Studio verabredet. Früher hatte Dieter im Dachgeschoss seines Elternhauses in Stommeln bei Köln die ersten Platten produziert. Er hatte sich ein kleines Studio eingerichtet und war immer auf dem neuesten Stand der Technik. Irgendwann wurde noch der Keller für seine Musik in Beschlag genommen. Ich weiß aus Erzählungen, dass Dieters Heimstudio als echter Geheimtipp galt. Damals war von der »Soundschmiede in Stommeln« die Rede. Irgendwann traf Dieter auf eine Nachwuchsband namens »Scorpions«, der Rest ist Musikgeschichte. Dieter und ich kamen also ins Plaudern und ich erzählte ihm eher beiläufig von meiner Horrorentdeckung morgens im Badezimmer. »Zeig mal her«, meinte er trocken. Ich also T-Shirt hoch, Achsel raus, dann herrschte kurzes Schweigen. Dieter rief sofort bei seinem Hautarzt an, trotz Sonntag. Er kenne ihn gut, sagte er, das sei kein Problem. Ich war bei diesem Gespräch nicht dabei, aber offenbar schien sich Dieter mehr erschrocken zu haben als ich mich, denn ich hatte am nächsten Morgen direkt einen Termin bei seinem Hautarzt.

Ich bin überzeugt, dass der Arzt nach dem ersten Abtasten sofort wusste, was Sache war, aber offenbar schien er mich beruhigen zu wollen. Er sagte, dass der Knoten auch eine Art harmlose Fettgeschwulst sein könne. Ich solle jedoch zur Sicherheit bei einem Onkologen vorstellig werden. Er würde sich darum kümmern und mir zeitnah einen Termin besorgen. Uff! Spätestens wenn das Wort Onkologe gefallen ist, ist es schwierig, sich einzureden, dass es etwas Harmloses sein könnte.

Eine Woche später saß ich also im Sprechzimmer des Onkologen. Er stellte mir eine Frage nach der anderen und jede dieser Fragen beantwortete ich mit ja. Schwitzen Sie nachts? Haben Sie abgenommen? Fühlen Sie sich ausgelaugt? Ja, ja, ja. Verdammt. Er tastete mich danach gründlich ab und meinte: »Das ist ein Lymphom. Ein Lymphknoten, der wuchert. Das geschieht wie bei Ihnen meist von jetzt auf gleich.«

Ich wollte wissen, was denn das bedeutet.

Und er formulierte recht nüchtern: »Wahrscheinlich Krebs. Sie haben einen Tumor!«

Ob gut- oder bösartig entscheide allerdings die Biopsie. Er machte daraufhin einen kleinen Schnitt unter meiner Achsel und entnahm eine Probe. Er sagte noch: »Wir schicken das ein. Innerhalb von einer Woche wissen Sie Bescheid. Ich rufe Sie an.«

Das tat er. Und das war eben dieser besagte Anruf, der meine Frau auf unserem Bett zusammenbrechen ließ.

Schmerzen hatte ich keine. Der Knoten unter der Achsel hatte nicht im Geringsten weh getan. Aber das war, wie ich später erfuhr, kein gutes Zeichen. Wenn du so etwas hast und es weh tut, ist es meistens nicht so schlimm, weil der Körper bereits dagegen ankämpft und das eben die Schmerzen verursacht. Sorgen solltest du dir vielmehr machen, wenn es nicht wehtut. Unter malignen Lymphomen versteht man bösartige Tumore, die sich aus Zellen des lymphatischen Systems entwickeln.

Jetzt kommt mein Lieblingssatz: Die Ursachen für das Auftreten dieser Krebserkrankungen des Lymphsystems sind bis heute noch ungenügend aufgeklärt. Das heißt im Klartext: Keiner weiß, woher es kommt und wen es trifft. Natürlich gibt es Risikofaktoren, wie bei jeder Krankheit. Aber im Prinzip ist Lymphdrüsenkrebs wie ein 6er im Lotto. Vielen Dank dafür.

Im ersten Schritt meiner Therapie wurde der Tumor rausgeschnitten. Das Ding sah aus wie eine rohe Frikadelle, als es da auf dieser silbernen Blechniere lag. Kein schöner Anblick. Danach folgte die Bestrahlung. Es wurde oft geschrieben, dass ich eine Chemotherapie bekommen hätte, aber das stimmte zum Glück nicht. Wenn der Krebs oberhalb des Zwerchfells gestreut und die Lymphknoten befallen hat, wird nur bestrahlt. Was heißt »nur«, das war heftig genug. Da werden dir bis zu 70 Gray, so wird die Strahleneinheit genannt, durch deinen Brustkorb gejagt. Bei mir saß der Krebs nicht nur in der Achsel, sondern auch hinten im Nacken und unterhalb des Kinns. Der Lymphknoten in der Achsel hatte schon gewuchert, die anderen Lymphknoten fingen bereits an zu wachsen. Das musste unbedingt gestoppt werden.

Die Strahlentherapie lässt die Lymphknoten quasi schmelzen. Wo keine Lymphen, da kein Krebs. Also … her mit der vollen Dosis!

Bestrahlt wurde ich in Köln. Ich wurde durch den Brustkorb bis hoch in den Nacken bestrahlt, und ebenso unterhalb des Kinns. Du liegst da unter diesem Gerät, wirst festgeschnallt, auch am Kopf. Und dann heißt es: Feuer frei. Die ersten zwei, drei Bestrahlungen waren gut auszuhalten. Ich bekam eine Art Sonnenbrand im Gesicht, es sah aus, als käme ich direkt von der Karibik und nicht von der Klinik. Aber mit der Zeit wurde es unerträglich. Dass ich meine Haare am Hinterkopf verlor, war mir scheißegal. Haare wachsen nach. Aber die Bestrahlung trocknete sämtliche Speicheldrüsen in Mund und Rachen aus. Die Zunge klebt am Gaumen und du kannst nicht mal mehr schlucken. Es ist ein Gefühl, als würdest du ersticken. Essen? Vergiss es! Selbst eine Suppe fühlte sich an, als würde man scharfe Kieselsteine schlucken. Um wenigstens ein bisschen bei Kräften zu bleiben, ballerte ich mir vor jeder Mahlzeit ein Schmerzmittel rein und zwang mich unter Tränen zu essen. Trotzdem war ich zum Schluss nur noch Haut und Knochen. Ich kann mich noch erinnern, dass ich immer eine kleine Wasserflasche bei mir hatte, um meinen Gaumen feucht zu halten. Sprechen war in dieser Zeit schon anstrengend genug, nach drei Sätzen war meine Zunge wieder so ausgetrocknet und steif, dass ich kein Wort mehr herausbrachte. An Singen war gar nicht zu denken. Das war mit am schlimmsten für mich.

Meine Kinder waren damals – Gott sei Dank – noch zu klein, um zu verstehen, wie krank ihr Papa war. Mein Sohn war damals vier, meine Tochter sieben. Sie begrüßten mich immer stürmisch an der Tür und wollten mit mir toben: »Papi, fang uns!«, »Papi,

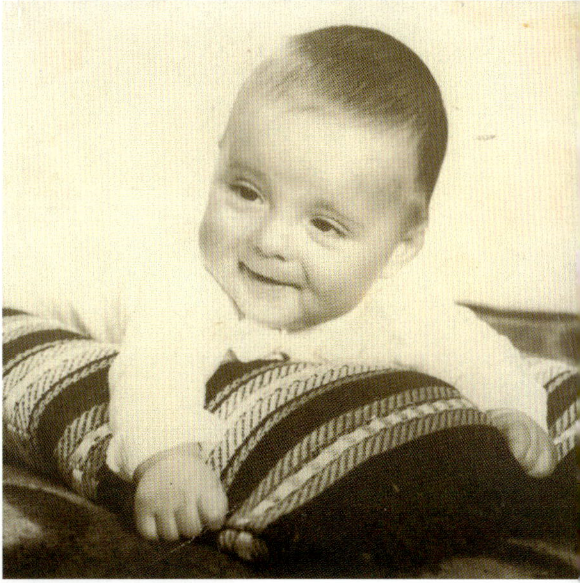

Das war ich als kleiner Krabbler mit rund zehn Monaten. Man sieht an meinen geballten Fäusten, dass ich schon damals angriffslustig war.

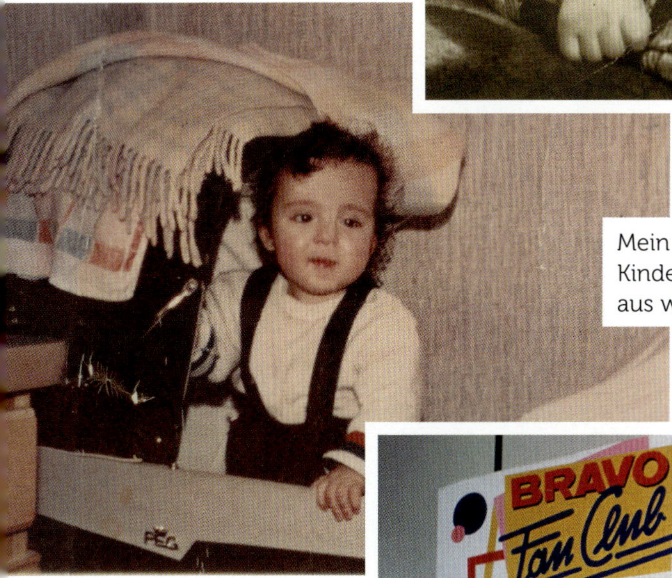

Mein Lieblingsfoto aus Kindertagen. Da sehe ich aus wie meine Mutter.

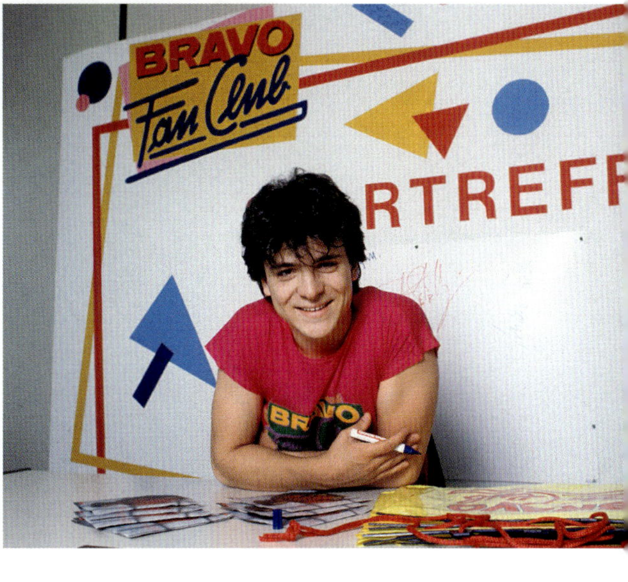

Die Anfänge: Ich beim »Startreff« des Bravo Fan Club am 30. März 1983 in München.

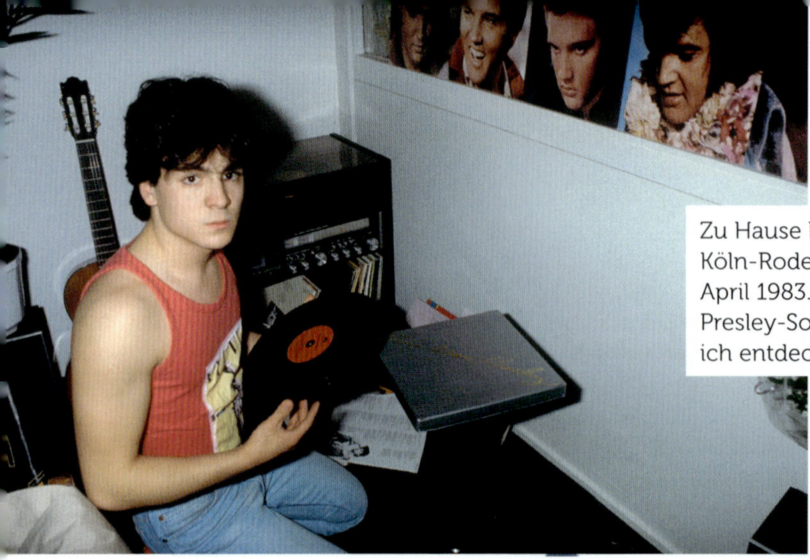

Zu Hause bei mir in Köln-Rodenkirchen im April 1983. Mit Elvis-Presley-Songs wurde ich entdeckt.

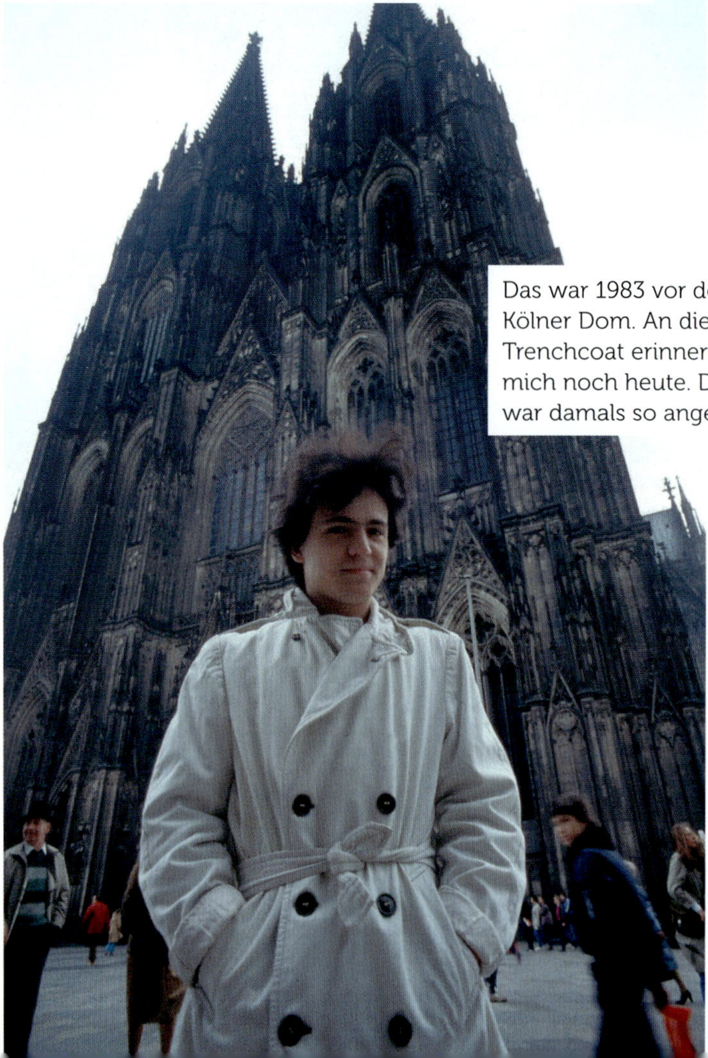

Das war 1983 vor dem Kölner Dom. An diesen Trenchcoat erinnere mich noch heute. Der war damals so angesagt!

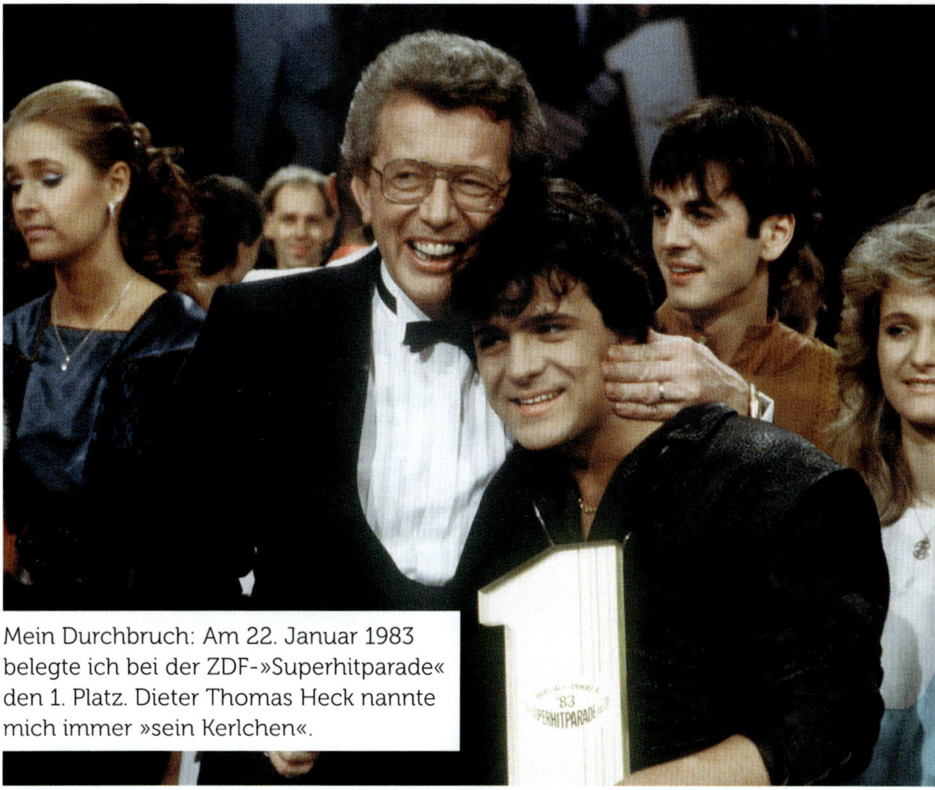

Mein Durchbruch: Am 22. Januar 1983 belegte ich bei der ZDF-»Superhitparade« den 1. Platz. Dieter Thomas Heck nannte mich immer »sein Kerlchen«.

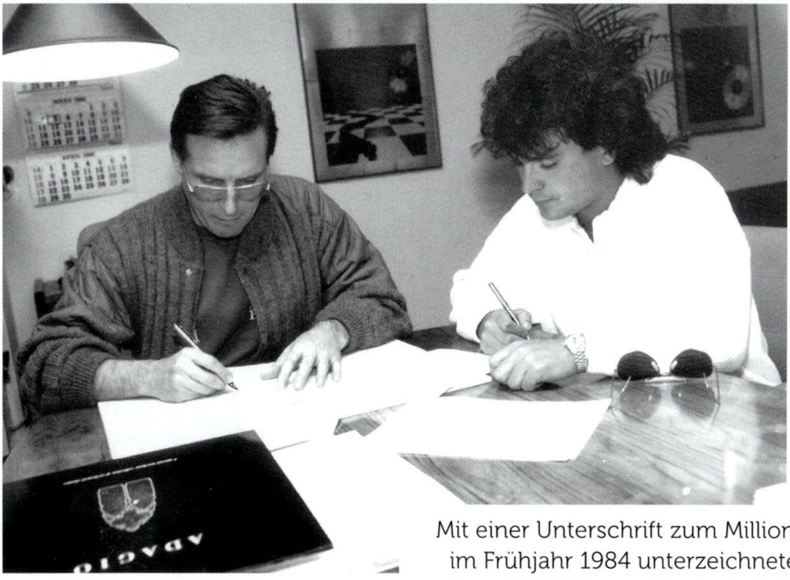

Mit einer Unterschrift zum Millionär – im Frühjahr 1984 unterzeichnete ich meinen 2,5 Millionen-Deal mit Polydor.

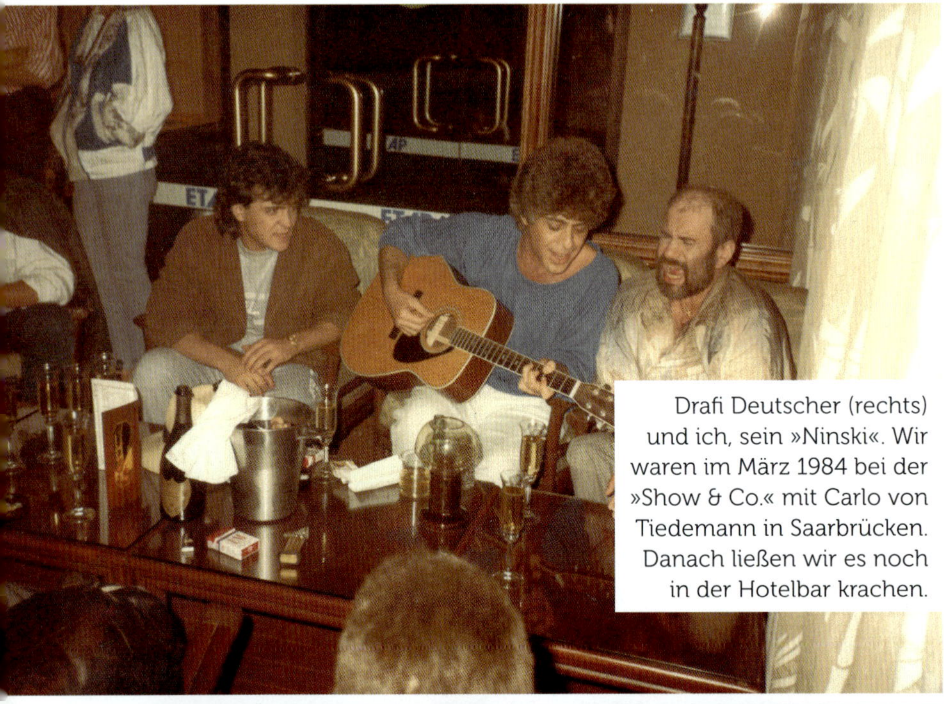

Drafi Deutscher (rechts) und ich, sein »Ninski«. Wir waren im März 1984 bei der »Show & Co.« mit Carlo von Tiedemann in Saarbrücken. Danach ließen wir es noch in der Hotelbar krachen.

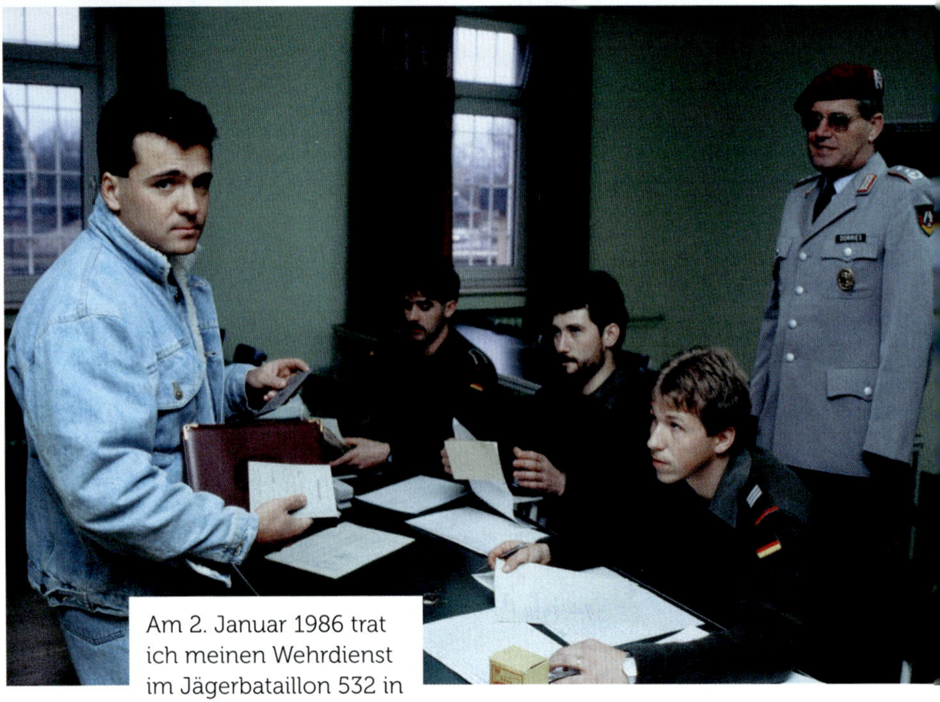

Am 2. Januar 1986 trat ich meinen Wehrdienst im Jägerbataillon 532 in Euskirchen an.

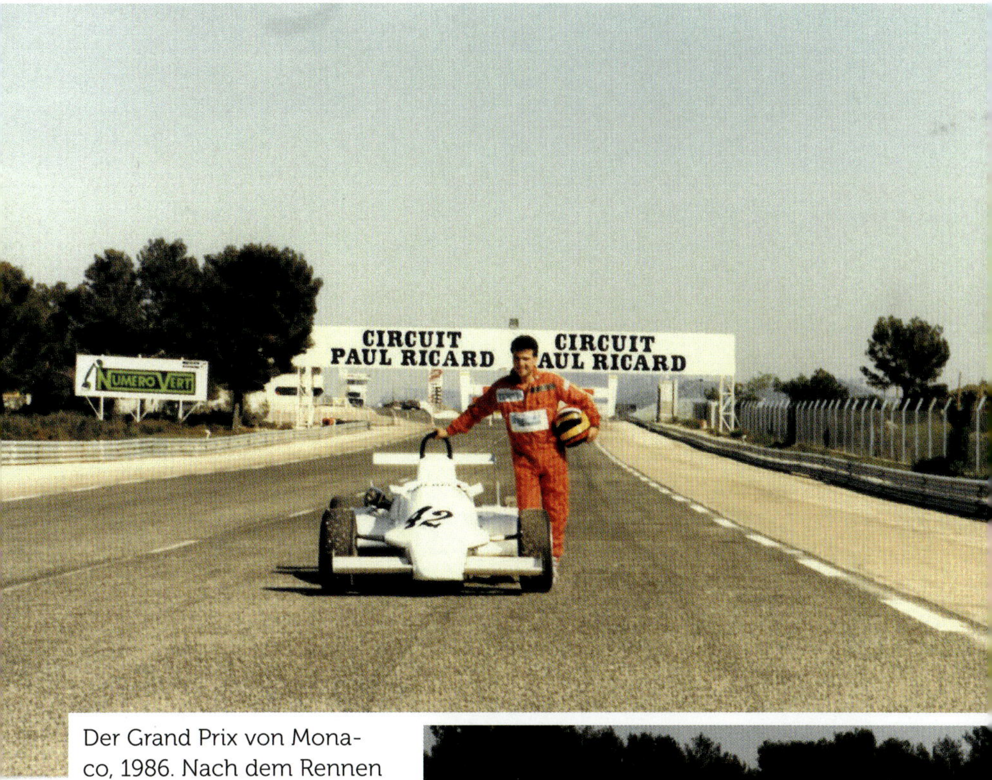

Der Grand Prix von Monaco, 1986. Nach dem Rennen durfte ich selbst ans Steuer eines Formel-3-Ferraris, um eine Runde zu drehen – und schrottete dabei das Getriebe. Au Backe!

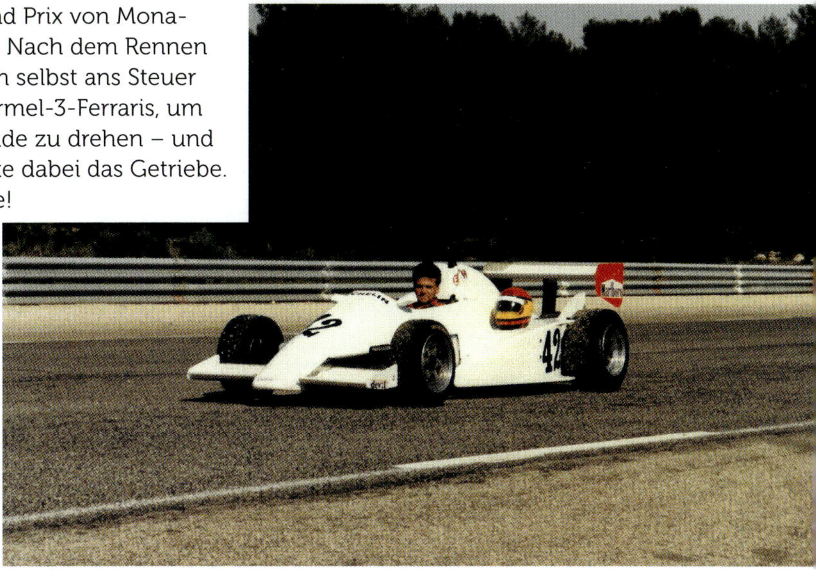

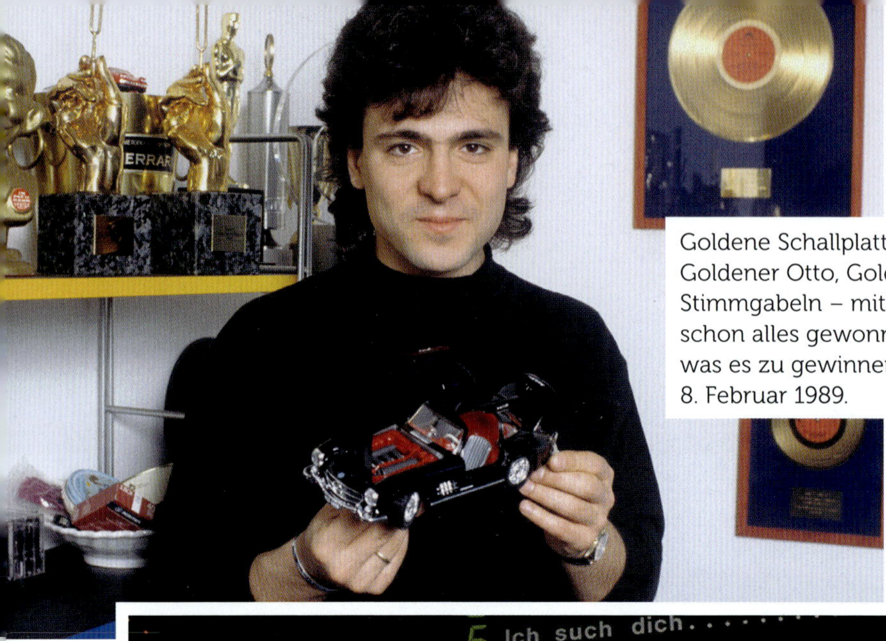

Goldene Schallplatten, Goldener Otto, Goldene Stimmgabeln – mit 25 schon alles gewonnen, was es zu gewinnen gibt, 8. Februar 1989.

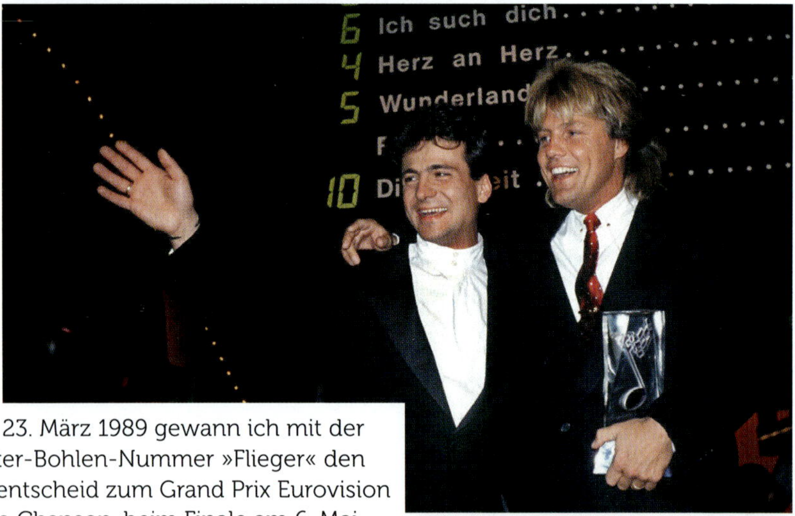

Am 23. März 1989 gewann ich mit der Dieter-Bohlen-Nummer »Flieger« den Vorentscheid zum Grand Prix Eurovision de la Chanson, beim Finale am 6. Mai reichte es nur für Platz 14.

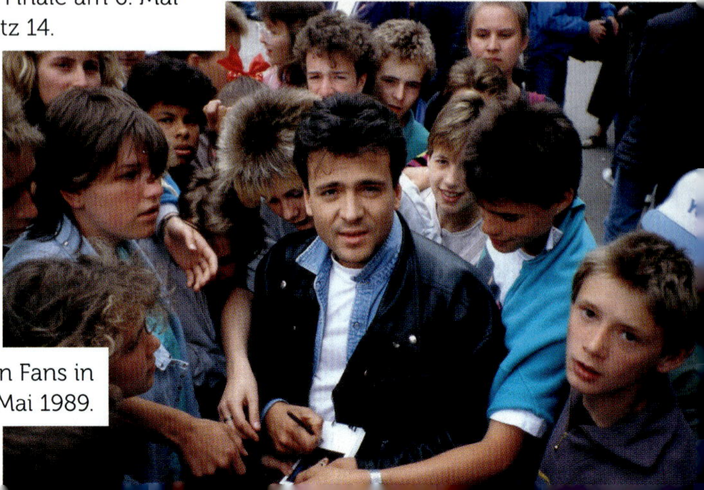

Umjubelt von Fans in München, 10. Mai 1989.

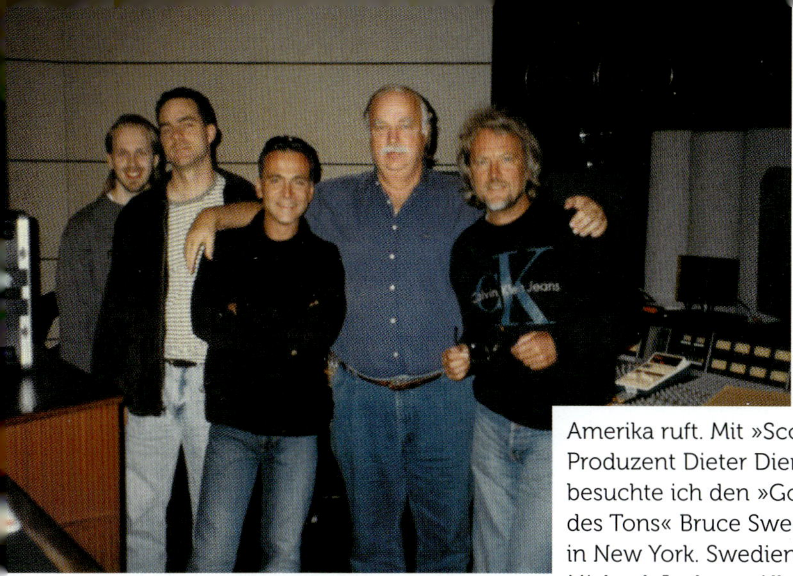

Amerika ruft. Mit »Scorpions«-Produzent Dieter Dierks (rechts) besuchte ich den »Godfather des Tons« Bruce Swedien (Mitte) in New York. Swedien hat alle Michael-Jackson-Alben gemixt.

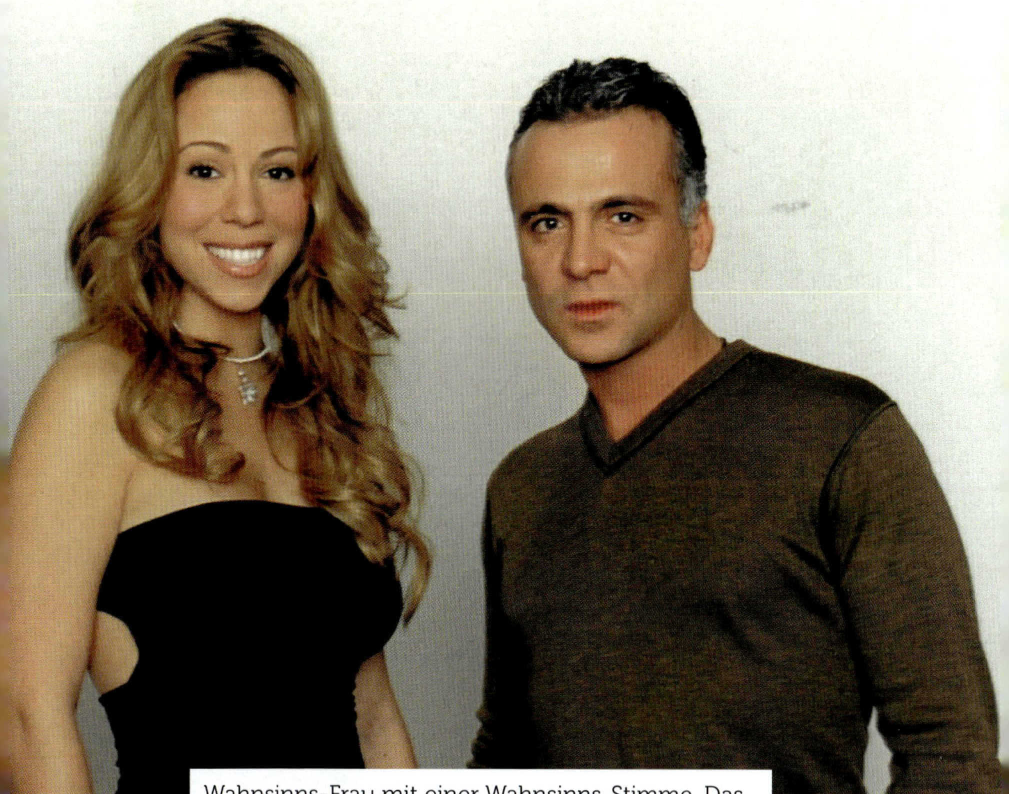

Wahnsinns-Frau mit einer Wahnsinns-Stimme. Das bin ich mit Mariah Carey, der Königin des Pop.

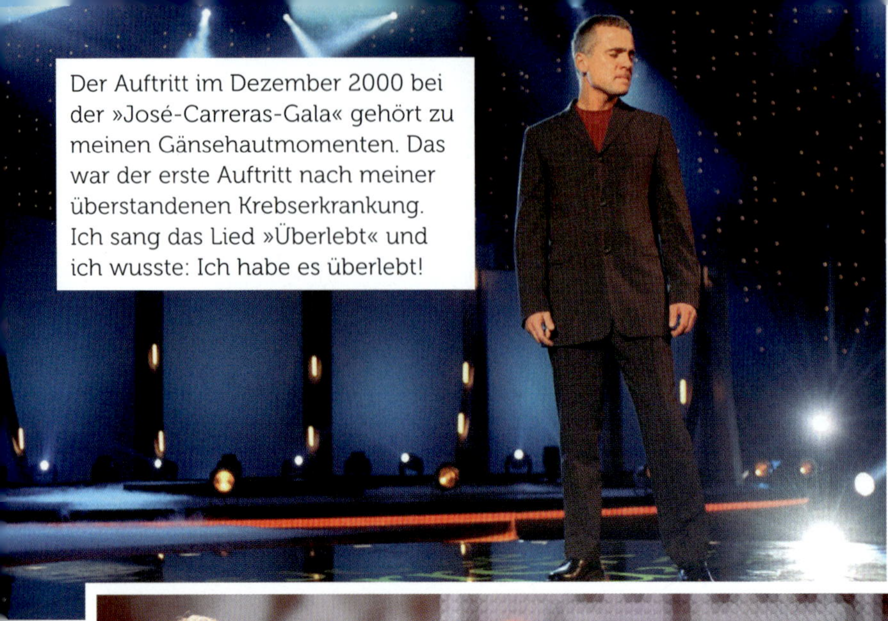

Der Auftritt im Dezember 2000 bei der »José-Carreras-Gala« gehört zu meinen Gänsehautmomenten. Das war der erste Auftritt nach meiner überstandenen Krebserkrankung. Ich sang das Lied »Überlebt« und ich wusste: Ich habe es überlebt!

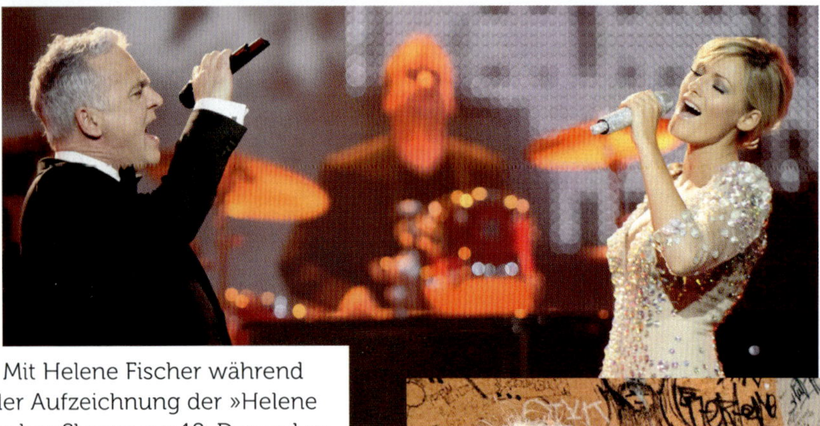

Mit Helene Fischer während der Aufzeichnung der »Helene Fischer Show« am 18. Dezember 2012 im Velodrom in Berlin.

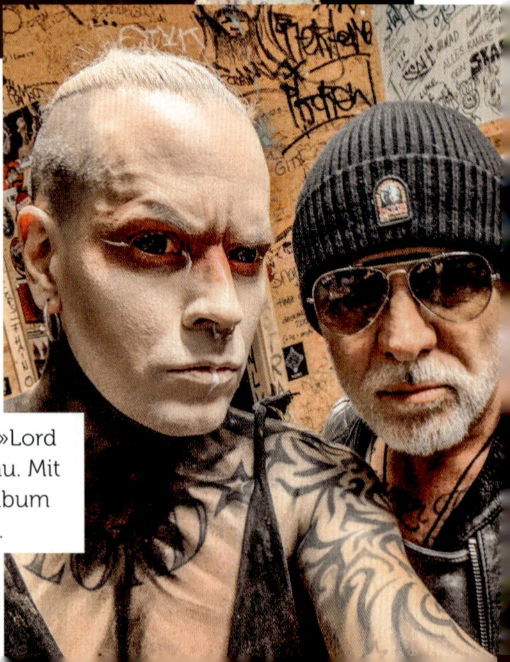

Mit Chris Harms bei seinem »Lord of the Lost«-Konzert in Lindau. Mit ihm produzierte ich mein Album »Gesegnet & Verflucht«.

Fußballspielen!«, »Papi, nimm mich Huckepack!«. Es brach mir das Herz, dass ich das nicht konnte. Aber ich musste mich nach jeder Bestrahlung erst einmal ausruhen, so erschöpft war ich. Ich legte mich ins Schlafzimmer und versuchte einfach nur, die Schmerzen zu vergessen. Mir war jedes Mal kotzübel, mein Kreislauf war im Keller und ich hatte Herzrasen. Je länger die Bestrahlung ging, desto verbrannter war die Haut. Zum Schluss war da nur noch rohes, offenes Fleisch. Ich durfte nicht duschen, aber ganz ehrlich, ich hätte mich das auch nicht getraut.

Dass ich diese Scheiße überlebt habe, verdanke ich in erster Linie meiner Familie. Aber ich nutze gern hier noch mal die Gelegenheit, um mich bei den Ärzten und vor allen Dingen beim Pflegepersonal zu bedanken. Keine Ahnung, ob ich einen Promibonus hatte, aber ich wurde schon sehr, sehr zuvorkommend behandelt. Hatte ich um 14 Uhr einen Termin, kam ich um Punkt 14 Uhr dran. Alle anderen Krebspatienten saßen geduldig im Wartezimmer, bis sie aufgerufen wurden. Das dauerte manchmal zwei, drei Stunden. Ich dagegen meldete mich an und wurde direkt an den armen Schweinen vorbei gewunken. Es war mir unangenehm, dass ich diesen Vorzug hatte, weil es eben unfair den anderen gegenüber war. Aber ich bin ehrlich: Ich war damals froh darüber, nicht warten zu müssen. Mir ging es zu dreckig, als dass ich die Sonderbehandlung ablehnen wollte. Natürlich wurde ich von den anderen Patienten erkannt, sicherlich wurde getuschelt und über die ach so wichtigen Promis geschimpft. Vielleicht wollte mir das Personal auch diese Art von Rampenlicht ersparen.

Nach der Strahlentherapie war ich »durch damit«. Ich erholte mich dann erst mal drei Wochen, bevor die Ärzte noch zwei weitere Sitzungen hintendran hingen – zur Sicherheit, wie sie sagten. Um ja nichts zu übersehen. Was soll ich sagen: In dieser ersten

Pause zettelte ich direkt meine erste Party an, so eine »Willkommen-zurück-Fete«. Meine Frau schüttelte zwar deswegen nur den Kopf, aber natürlich freuten sich in erster Linie alle für mich. Alle, die mich liebten und mochten. Meine Kinder, meine Eltern, meine Freunde, meine Fans, es war überwältigend zu erfahren, wie viele Menschen mit mir gelitten hatten. Schließlich kamen die beiden letzten Bestrahlungen. Der Professor der Strahlenklinik verabschiedete sich anschließend persönlich von mir. Er gab mir die Hand und folgende Worte mit auf den Weg: »Tun Sie alles, was Ihnen Spaß macht. Sie müssen auf nichts verzichten. Das ist gut für Ihre Psyche. Der Krebs ist geheilt und er wird nicht wiederkommen.« Und so war es ja auch lange Zeit. Die ersten fünf Jahre bin ich noch brav zu den Nachuntersuchungen marschiert, aber dann verdrängst du die Angst und lebst dein altes Leben weiter.

Es dauerte allerdings länger als erwartet, bis ich wieder ganz der Alte war. In der Medizin nennt sich dies Remission. Die Krankheit an sich ist zwar überstanden, aber von Genesung bist du weit entfernt. Leider fühlt man sich direkt nach der Entlassung nicht gesund. Der Körper muss sich von dieser Tortur erst einmal erholen. Und damit ist wie in meinem Fall nicht nur die Regeneration der Speicheldrüsen gemeint. Ich hatte vom vielen Liegen keine Muskeln mehr, mein Lungenvolumen hatte sich um fast 70 Prozent verringert. Um meine Atmung zu trainieren, musste ich in ein Plastikteil mit drei bunten Kugeln blasen. Ziel war es, alle drei Kugeln zum Schweben zu bringen. Diese Übung ist ein Witz für jeden normalen Menschen, ich bin schier daran verzweifelt. Es dauerte drei lange Jahre, bis 1998, bis auch die letzte Spätfolge überstanden war. Aber es ging ja noch mal gut. Und hey, ich singe immer noch wie ein junger Gott.

Es heißt, dass der Krebs in deinem Körper häufig nie ganz verschwindet. Krebszellen sind nämlich Meister im Verstecken. Manchmal können sie schon in einem frühen Stadium in andere Gewebe oder Organe streuen und dort zum Teil lange Zeit unentdeckt überdauern. Hinzu kommt, dass Krebszellen die Immunreaktionen hemmen und so schlechter angreifbar sind. Für einen Rückfall genügt es, dass trotz Bestrahlung und Chemo eine einzige verfluchte Krebsstammzelle überlebt. Dann kommt der Krebs wieder. Manchmal an der gleichen Stelle, manchmal sucht er sich neue Wege, einen zu zerstören. So wie bei mir. Autoimmunerkrankungen sind sehr häufig mit Krebs »vergesellschaftet«. Zehn Jahre später bekam ich diese Gesellschaft.

Ich war Ende 2006 nach Mallorca gezogen. Ich hatte dort gemeinsam mit meiner dritten Ex-Frau eine charmante Bar am Laufen. Okay, es war vielmehr ihre Bar und ich war am S… Singen. Irgendwann im Sommer 2008 war Florian Silbereisen auf der Insel. Wir kennen uns gut und mögen uns. Flori hatte mich in der Bar besucht und ich bin mit ihm und ein paar seiner Kumpels durch die Clubs gezogen. Wir hatten einen richtig geilen Abend und uns direkt für den nächsten Tag zum Frühstück verabredet. Natürlich hatten wir in dieser Nacht das eine oder andere Bierchen zu viel, trotzdem hatte ich keinen Filmriss. Doch genau den glaubte ich am nächsten Morgen zu haben. Denn ich bin aufgewacht und hatte am ganzen Körper schwarze Flecken, klassische Hämatome, überall. Ich sah aus, als hätte mich jemand grün und blau geprügelt. Ich musste wohl im Suff in eine Schlägerei geraten sein, nur wusste ich davon nichts mehr. Beim Frühstück ging ich direkt zu Flori, zeigte ihm meine Arme und sagte: »Hey, guck dir das mal an!« Ich muss heute noch lachen, wie erschrocken der Florian schaute und mich in seinem Dialekt gefragt hat: »Mein Gott, hast du a Aids.« Ich so: »Hau ab, ich habe doch kein Aids! Ich wollte wissen, mit wem wir uns geprügelt haben?«

Im Nachhinein hätte ich mir gewünscht, dass ich einen Filmriss gehabt hätte. Dass ich wegen meiner »frechen Gosch« eben einen auf die Nase bekommen hätte. Aber es gab keine Schlägerei. Ich ging direkt nach dem Frühstück zum Arzt. Ich muss gestehen, ich habe wegen Florians Paranoia tatsächlich einen Aidstest gemacht … aber natürlich war der negativ. Mein Blutbild ergab etwas anderes: Ich hatte keine Blutplättchen mehr. Diese sogenannten Thrombozyten sind kleine Zellen, die für die Blutstillung verantwortlich sind. Sie sorgen beispielsweise dafür, dass nach einer Verletzung die Blutung zum Stillstand kommt. Jeder Mensch hat zwischen 200 0000 und 300 000 Thrombozyten – ich hatte keine. Deswegen auch die vielen Hämatome, weil es bei jedem kleinsten Stoß zu unkontrollierten Blutungen in der Haut kommt. Ich hatte sogar ein Hämatom auf dem Nasenrücken durch den Druck der Sonnenbrille, mein ganzes Gesicht war um die Nase herum blau. Die Diagnose war leider eindeutig: Ich hatte eine Immunthrombozytopenie, kurz ITP. Das ist eine Autoimmunkrankheit, bei der die körpereigene Abwehr die gesunden Blutplättchen fälschlicherweise für krank hält und sie zerstört. ITP ist keine Leukämie, aber in den meisten Fällen dennoch tödlich.

Wieder ging die ganze Scheiße von vorne los. Erst der Ärztemarathon, dann monatelange Therapie. Eine Tortur vom allerfeinsten, genau wie bei meiner Krebserkrankung. Ich war anfangs noch auf Mallorca geblieben, um mich behandeln zu lassen. Ganze drei Monate lag ich dort in der Klinik. Aber nicht nur die zähe Kommunikation störte mich, vielmehr hatte ich den Eindruck, dass die hiesigen Ärzte nicht genau wussten, wie sie diese Krankheit in den Griff bekommen sollten. Alles wurde versucht: Fremdthrombozyten, Blutplasma … doch nichts half. Schließlich entschieden sich die Ärzte für eine Knochenmarkpunktion, um herauszufinden, was meine Autoimmunreaktion auslösen könnte. Angeblich sei das eine Sache von 20 Minuten. Lange Nadel, kurzer Pieks, fertig. Von wegen! Denn der Arzt hatte versucht, mir das Knochenmark aus dem Brustkorb zu entnehmen. Er wusste um meine Krebserkrankung und dass ich am Brustkorb bestrahlt wurde. Aber er versuchte es dennoch, Stunde um Stunde. Ich war nur lokal betäubt, hatte zwar ein Schlafmittel bekommen, dennoch schnappte ich während des Eingriffs immer wieder Gesprächsfetzen auf. Entmutigende Fetzen, denn die Ärzte waren ratlos. »Wieso kommt da nichts raus? Das gibt es doch nicht!«

Als ich wieder »wach« wurde und mich anderweitig erkundigte, erfuhr ich von einem Professor in Stuttgart, dass nach einer solch heftigen Bestrahlung, wie es bei mir der Fall war, es schlicht kein brauchbares Knochenmark rund um den Brustkorb mehr gebe. Die spanischen Ärzte hätten das wissen müssen. Na ja, jetzt wussten sie es. Und darum wollten sie die Knochenmarkpunktion hinten am Steißbein wiederholen. Aber da hatte ich dankend abgelehnt.

Ich hatte nach diesem Eingriff das Vertrauen in dieses Krankenhaus verloren und beschlossen, mich in Stuttgart von eben diesem Professor weiterbehandeln zu lassen. Das war allerdings nicht so leicht, denn um gefahrlos fliegen zu können, brauchst du einen Wert von mindestens 30 000 Thrombozyten. Also

30 000 Thrombozyten mehr, als ich zu diesem Zeitpunkt hatte. Durch den veränderten Druck beim Fliegen drohen sonst, die Organe zu platzen. Also wurden mir vor dem Flug noch Fremdthrombozyten injiziert. Es war zum Kotzen, mein ganzer Körper war morsch.

In Stuttgart kam ich zuerst vom Regen in die Traufe. Denn die erste Amtshandlung des Professors war, mir meine Milz herauszunehmen. In der Milz werden die Thrombozyten abgebaut und der Professor hatte Angst, dass mein Organ hätte toxisch sein können. Aber die Milz war es nicht. Also habe ich sie umsonst verloren. Letztendlich wurde ich mit Rituximab behandelt, einem neuen Medikament aus den USA, das bei Lymphomen, Leukämie und Autoimmunerkrankungen eingesetzt werden kann. Ein Teufelszeug mit brutalen Nebenwirkungen. Denn Rituximab greift unter Umständen die Nervenzellen an und schädigt sie irreversibel. Genau das passierte bei mir drei Monate später. Aber davon ahnte ich in diesem Moment nichts. Ich war froh, dass es ein Medikament gab, das mich heilen konnte. Ich bekam daraufhin wöchentlich eine achtstündige Infusion, drei Wochen hintereinander – ohne Erfolg. Als letzte Möglichkeit schlug der Professor eine Knochenmarktransplantation vor. Aber das hätte bedeutet, dass eines meiner Kinder dafür hätte herhalten müssen. Und dagegen war ich strikt. »Nein, meine Kinder werden nicht angefasst. Egal, dann überlebe ich diesen Scheiß halt nicht. Ich will nicht, dass meine Kinder unters Messer kommen«, sagte ich. Die Ärzte hatten noch versucht, mir klarzumachen, dass dies ein Routineeingriff sei und völlig ungefährlich. Aber ich hatte mich längst entschieden. Ich weiß, wie schmerzhaft so etwas ist. Ich hatte es selbst durchmachen müssen, und das wollte ich meinen Kindern nicht antun. Ich mag in vielen

Dingen vielleicht nicht der Bilderbuchpapa sein, aber ich liebe meine Kinder und hier nahm ich meine Vaterrolle bierernst. Nach diesem Gespräch brach ich die Behandlung ab. Ich bin gegangen, um meine Kinder zu schützen.

Vielleicht war es Karma, oder Zufall, aber kurz darauf lernte ich einen chinesischen Mediziner kennen. Er hieß Dr. Lu. Ein feiner Kerl, und ein noch besserer Arzt. Wir kamen ins Gespräch und ich erzählte ihm von meiner Odyssee. Es war verrückt, aber dieser Mann sah meine Situation als gar nicht so aussichtslos an. Dr. Lu erklärte mir, dass er versuchen würde, mein Immunsystem mit Hilfe von Akupunktur und Heilkräutern aufzupäppeln. Er sprach von Misteln und Ginkgo. Es gebe zudem erfolgversprechende Vitaminkuren. Er könne nichts versprechen, aber er sei guter Dinge. Ich ließ mich darauf ein, was hatte ich zu verlieren, auch wenn Nadeln und Kräutertee nicht unbedingt meine erste Therapiewahl gewesen wären. Aber bereits nach der allerersten Woche ging es mir besser. Ich war zu diesem Zeitpunkt noch nicht bei einem Arzt gewesen und kannte meine Werte nicht, aber ich spürte, dass es bergauf ging. Meine Thrombozyten-Anzahl stieg und stieg, das ging brutal nach oben. Na ja … auf einmal war ich geheilt. Einfach so. Jetzt kann man sich natürlich streiten: Hatte das Rituximab doch gewirkt, aber eben erst später? Oder lag es an der Therapie meines chinesischen Arztes. Die einen sagen so, die anderen sagen so. Ich tippe auf Dr. Lu!

Es gibt die eine Sorte Menschen, die gefühlt nie krank werden. Die selbst mit über 70 einen Marathon rennen, und vor Gesundheit nur so strotzen. Und es gibt jene armen Schweine, die bei jeder beschissenen Krankheit laut »Hier« schreien. Zu letzterer Kategorie gehöre ich. Eigentlich dachte ich, dass ich mit Krebs und dieser Autoimmun-Kacke mein »Krankheits-Soll« erfüllt hatte, aber kaum ein Jahr später, also 2009, wurde bei mir eine Stimmbandleukoplakie diagnostiziert. Leukoplakie ist Verhornung der Mundschleimhaut und eine Vorstufe zum Kehlkopfkrebs. Das bekommt man unter anderem durch zu viel Alkohol und zu viel Rauchen. Michael Douglas hatte das Gleiche, nur bei ihm kam es im Gegensatz zu mir tatsächlich zum Krebs. Douglas erzählte damals, dass der Rachenkrebs bei ihm vom vielen Oralsex käme. Geiler Typ. Ich habe auch mal gelesen, dass die Asiaten weltweit am häufigsten Kehlkopfkrebs bekommen, weil sie eine Vorliebe für Oralverkehr haben. Denn dieser HP-Virus, der vor allem als Auslöser von Gebärmutterhalskrebs bekannt ist, zeigt sich auch verantwortlich für Kopf-Hals-Tumoren.

Ich schiebe es bei mir mal auf den erhöhten Alkohol- und Nikotin-Missbrauch.

Ich hatte seit der Bestrahlung sowieso schon Probleme mit den Stimmbändern. Sie wollten einfach nicht mehr so wie früher, sie fühlten sich irgendwie hart an, weniger geschmeidig. Es passiert sehr häufig, dass die Stimmbänder beim Intubieren in Mitleidenschaft gezogen werden, und ich wurde viel zu oft intubiert. Die Leukoplakie gab meiner Stimme schließlich den Rest, beziehungsweise die CO2-Laserbehandlung. Danach war Schluss mit Singen, meine Stimmbänder waren gelähmt. Ich bekam keinen vernünftigen Ton mehr heraus, von einer Oktave ganz zu Schweigen. Wenn es gut lief, packte ich vier Töne nacheinander, lief es beschissen, krächzte ich wie eine heisere Kröte. Das war ganz grausam für mich. Weil das Singen für mich alles bedeutet. Singen hatte für mich seit jeher eine heilende Wirkung. Aber wie bitte sollte ich Kraft tanken, wenn ich nicht mehr hätte singen können? Wieder gingen die Monate ins Land. Wieder war ich zum Zuschauen, oder in diesem Fall, zum Zuhören verdammt. Fast zwei Jahre, bis Ende 2011, zog sich dieser verdammte Heilungsprozess hin. Ganz geheilt bin ich bis heute nicht. Denn bei der Leukoplakie ist meine Kopfstimme flöten gegangen. Früher konnte ich die hohen Bee-Gees-Songs rauf und runter singen, heute ist da nur noch heiße Luft. Ich sing jetzt halt wie ein Mann, der ein hartes Leben hinter sich hat. Aber mittlerweile gefällt mir dieser raue Klang ganz gut. Es passt zu mir und zu meinem Leben. 2012 nahm ich mit »Das Leben ist schön« mein erstes Album nach meiner Stimmbandverletzung auf – mit großen Hoffnungen, aber leider nur mit mäßigem Erfolg.

Was soll's, zumindest bei Tumoren war ich absolut angesagt. So eine Art Publikumsliebling in der Geschwür-Szene. Alle wollten mich.

Und so wurde mir im November 2013 ein Tumor aus dem Kopf geschnitten, so groß wie eine Kirsche.

Es fing an mit einer kleinen Erhebung an meinem rechten Ohr. Natürlich hätte ich schneller hellhörig werden müssen, schließlich begann mein Lymphdrüsenkrebs eben auch mit einem Hubbel unter der Haut. Allerdings vermutete ich, dass es eine Narbenwucherung von der Bestrahlung sei. Es tat ja nicht weh. Okay, auch dabei hätten sämtliche Alarmglocken läuten müssen. Als dieser Knoten anfing zu wachsen, bin ich erst zum Onkologen und danach zu einem Chirurgen in Hamburg. Das Ding in meinem Kopf war zum Glück gutartig. Dennoch musste es schleunigst raus, weil der Tumor begann, auf die Nerven in meinem Gesicht zu drücken. Ich wurde in Hamburg operiert. Der Eingriff schien zunächst erfolgreich, der Schock kam erst, als die Narkose nachließ und ich mein Gesicht nicht mehr bewegen konnte. Der Arzt hatte beim Herausschneiden des Tumors meinen Gesichtsnerv touchiert. Das Geschwür saß direkt am Nerv. Diesen Nerv nicht zu berühren, war schier nicht möglich. Natürlich war ich im Vorfeld über die Risiken aufgeklärt worden und hatte dennoch der OP zugestimmt. Aber das musst du ja vor jedem Eingriff tun. Trotzdem denkst du, dass da nichts passiert. Falsch gedacht. Ich sah aus wie nach einem Schlafanfall, meine gesamte rechte Gesichtshälfte war gelähmt. Ich hatte eine riesige Narbe an der rechten Schläfe, dazu hing mein rechtes Auge und mein rechter Mundwinkel nach unten. Beim Reden, Singen oder Lachen bewegte sich nur meine linke Hälfte, rechts blieb alles starr. Ganz ehrlich: Das sah echt scheiße aus! Ich bekomme heute noch Gänsehaut, wenn ich Fotos aus dieser Zeit sehe. Nino de Frankenstein …

Eigentlich war diese Geschichte wieder typisch für mich und mein Leben. Kaum hatte ich mich gefreut, dass es kein bösartiger Tumor war, dass ich endlich mal Glück im Unglück hatte, zack, war mein Gesicht nur noch Matsch! Mein Doc tröstete mich und sagte, dass so eine Gesichtslähmung in der Regel vorbeigehe. Es dauere halt, bis sich die Nerven erholten. Er hatte recht, ich wurde gerade rechtzeitig fit für meine Horror-Herz-Operation, ich »Glückspilz«.

Es war im März 2016. Ich weiß noch, wie mir auf einmal schwindelig wurde. Ich klagte über Atemnot und hatte stechende Schmerzen im Brustbereich. Ich dachte sofort an einen Herzinfarkt, aber dann ließen die Symptome wieder nach. Meine inzwischen vierte Ehefrau schleppte mich dennoch zu unserem Hausarzt, der mich wiederum sofort in das Universitätsklinikum Hamburg-Eppendorf überwies, damit mir dort einen Stent zur Gefäßerweiterung eingesetzt würde. Doch kaum war ich in der Klinik, lag ich auch schon im OP-Saal. Die Ärzte stellten bei der

Untersuchung fest, dass ich kurz vor einem Herzinfarkt stehe. Sie sagten, ich würde den geplanten Stent-Eingriff nicht überleben, mein Herz sei zu beschädigt. Ich müsse sofort operiert werden.

Der Eingriff dauerte fünf Stunden, mir wurden gleich drei Bypässe am Herzen eingesetzt. Nach der Operation sagte mir einer der Ärzte: »Es war nicht fünf vor zwölf, sondern zwölf. Es ging um Leben und Tod.«

Puh! Immerhin konnte ich jetzt vor Erleichterung mit beiden Gesichtshälften lächeln. Danach ging es erst einmal sechs Wochen in die Reha. Ich nahm mir fest vor, ab sofort gesünder zu leben. Ich beschloss, nichts mehr zu trinken und mit dem Qualmen aufzuhören. Und ich beschloss, mich von all den Menschen zu lösen, die mir nicht guttun. Zumindest eines davon ist mir gelungen. Kleiner Tipp: Bier und Kippen sind's nicht.

Und dann kam COPD. Vier Buchstaben, die dich langsam, aber sicher töten. Im Vergleich mit COPD erscheinen plötzlich alle anderen Krankheiten wie ein harmloser Schnupfen. Krebs kann geheilt, dein Herz operiert werden, aber COPD bringt dich um. So einfach ist das.

COPD steht für eine chronisch obstruktive Lungenerkrankung. Das bedeutet, dass die Lunge dauerhaft geschädigt ist und die Bronchien sich mehr und mehr verengen, bis du irgendwann keine Luft mehr bekommst.

Ich bekam diese Diagnose kurz nach meiner überstandenen Herzoperation. Ich hatte meine Reha gerade abgeschlossen, wohnte wieder in Hamburg und nahm mir fest vor, wieder richtig fit zu werden. Ich fing an mit EMS und trainierte daraufhin wie ein Besessener. Bei der EMS werden die Muskeln während der Übungen mit gezielten Elektroschocks zusätzlich stimuliert, das ist Hardcore. Das geht bis runter in die Tiefenmuskulatur und macht dich hart wie Stahl. Ich sah toll aus, breite Schultern, definierte Arme … ich konnte mich wirklich sehen lassen. Aber trotz des vielen Trainings merkte ich zunehmend, dass mir die Luft fehlte. Ich schaffte es nicht, Kondition aufzubauen. Wehe, ich wollte mal zwei Kilometer um die Alster laufen, da bin ich fast zusammengebrochen. An Joggen war nicht zu denken, mir fiel schon das schnelle Gehen schwer. Ich pumpte wie ein Maikäfer. Vielleicht übertreibe ich, dachte ich. Vielleicht hat mein Herz nach der Operation noch nicht die alte Power, dachte ich. Oder einer der Bypässe war verrutscht. Doch der Kardiologe gab mir zumindest, was mein Herz betrifft, Entwarnung: »Das funktioniert alles tipptopp.«

Der anschließende Termin beim Pneumologen lief nicht ganz so gut. Natürlich hatte ich die typischen Symptome wie »trockener, hartnäckiger Reizhusten«, dazu dieser eklige Auswurf. Aber rauch du mal 40 Jahre, da hustest du auch. COPD wird gerade im Anfangsstadium häufig mit Raucherhusten verwechselt, erklärte mir der Lungenspezialist. »Schön«, dachte ich mir voller Sarkasmus, »dann musst du wenigstens nicht dumm sterben.«

Ich weiß noch, wie ich danach auf dieser Liege saß und ins Leere starrte. Der Arzt brabbelte noch irgendwas von COPD, von unheilbar krank und von geringer Lebenserwartung. Ich habe nicht wirklich zugehört. Ich saß nur geschockt da und versuchte zu begreifen, was gerade passierte. Ich hatte mich bis zu diesem Zeitpunkt mit COPD nie auseinandergesetzt, warum auch? Mir fiel Roland Kaiser ein, der ebenso an COPD erkrankte und eine Spenderlunge transplantiert bekam. Aber selbst so eine Spenderlunge hält nur zehn Jahre. Die Wahrheit ist: Mit COPD bist du am Arsch. Also sagte ich: »Scheiß drauf, ich will nichts mehr wissen von Krankheiten. Ich lebe jetzt damit.«

Das war 2016. Vier Jahre lang war ich danach nicht mehr beim Pneumologen zur Nachuntersuchung. Mir fielen die Worte meines Arztes nach meiner ersten Krebserkrankung ein. »Tun Sie das, was Ihnen Spaß macht.« Und: »Verzichten Sie auf nichts und genießen Sie das Leben. Das ist gut für die Psyche.«

Und genau das mache ich seit dieser Diagnose. Leben. Spaß haben. Glücklich sein. Erst im November 2020 ließ ich mich zu einer weiteren Untersuchung überreden. Ich hatte Probleme zu atmen und dazu schmerzhafte Stiche mittig im Brustkorb, das kam von der Lunge. Doch das CT war unauffällig. Der Schaden, den das Lungenleiden bislang hinterlassen hatte, war zwar klar zu erkennen, da ja auch zu erwarten. Aber die COPD hat sich nicht weiterentwickelt, und das ist die Hauptsache. Bei der Diagnose 2016 hieß es, ich hätte noch fünf Jahre zu leben. Doch die wussten eben nicht, was ich für ein zäher Hund bin. Und da sich die COPD nicht verschlechtert hat, bin ich quasi noch auf dem Stand von 2016, das heißt: noch mindestens fünf Jahre. Und in fünf Jahren sehen wir mal, ob ich nicht noch weitere fünf Jahre obendrauf packe. Wenn ich so die 70 erreiche … hey, was will ich mehr?

Ich lebe nun seit 2016 mit der Diagnose, todkrank zu sein. Und ich habe mich damit arrangiert. Ich habe einen Weg gefunden, weiterhin mein Leben zu leben. Ich mache Musik, drehe mit meinen Hunden jeden Tag eine Runde und stemme Gewichte für den Muskelaufbau. Es geht nur alles sehr langsam voran, aber es klappt. Für meine schlechten Tage habe ich noch ein Cortison-Spray in petto. Das ist zwar eher für Notfälle gedacht, aber es hilft mir, befreiter zu atmen.

Ich nehme das Spray auch vor Auftritten, um Hustenanfälle zu vermeiden und weil mir das Singen so leichter fällt. Meine neuen Songs sind schließlich nicht ohne. Da muss man wirklich Gas geben, damit auch was rüberkommt. Allerdings erhöht Cortison das Risiko für Lungenentzündungen, was bei COPD-Patienten eine ziemlich doofe Sache wäre. Aber ob ich jetzt ersticke oder an einer Lungenentzündung draufgehe, ist scheißegal.

Viele können nicht verstehen, dass ich trotz der COPD immer noch rauche. Ich qualme zwar nicht wie ein Schlot, auch wenn das gerne in den Medien behauptet wird, noch bin ich ein Kettenraucher. Ich rauche, weil ich gerne rauche. Weil ich es einfach brauche und weil ich es mir nicht abgewöhnen kann. Aber den Stress, mir jetzt nach 40 Jahren das Rauchen abzugewöhnen, den will ich mir einfach nicht antun. Darauf habe ich, ehrlich gesagt, keinen Bock. Und wer sagt, dass ich dadurch länger lebe, wenn ich ab sofort nikotinfrei durch die Gegend renne? Dass das Rauchen für die COPD nicht förderlich ist, steht außer Frage, darüber brauchen wir nicht zu diskutieren. Aber ob ich ohne meine Kippen tatsächlich so viel länger lebe, ist reine Spekulation. In den letzten Jahren haben sich meine Werte schließlich nicht verschlechtert. Zudem kenne ich zu viele Beispiele von Menschen, die angefangen haben, gesund zu leben und die dann trotzdem gestorben sind. Ich hatte einen Bekannten mit einem Spenderherz. Der hatte mit Anfang 20 eine verschleppte Grippe, die seinen Herzmuskel zerstört hat. Er brauchte ein Spenderherz und bekam es. Dennoch war seine Prognose nicht gerade rosig. Die Ärzte meinten, dass ein Fremdorgan im Schnitt nur zehn Jahre lang durchhalte. Er solle also seine Zeit genießen. Das tat er. Er feierte, rauchte, trank für zehn Leben. Er wurde 30, 35, 40. Für die Ärzte war er ein lebendes Wunder. Mit 40 traf er eine

Frau, verliebte sich, heiratete. Sie wollten Kinder und er beschloss daraufhin, gesünder zu leben. Er gab das Rauchen und das Trinken auf, machte Sport und war ein Jahr später tot. Sein Körper war auf einmal so gesund, dass er die Kraft hatte, sich gegen das Fremdorgan zu wehren. Das kann bei mir genauso ablaufen. Darum lebe auch ich weiter wie bisher. Ich glaube sowieso, dass jeder sein Schicksal hat und seinen vorbestimmten Todestag, bei manchen kommt er früher, bei anderen später. Es fällt mir schwer zu glauben, dass ein paar Kippen am Tag mein Leben verkürzen. Wenn deine Zeit gekommen ist, dann gehst du. Dagegen bist du machtlos. Also was soll der Stress?

Ich betone das, weil viele meine Einstellung für einen Schutzmechanismus halten. Wem ist denn schon egal, wie man stirbt? Der Tod ist ja nach wie vor eines der größten Tabuthemen in unserer Gesellschaft. Keiner will darüber nachdenken, geschweige denn darüber reden. Weil jeder eine panische Angst vor dem Sterben hat. Ich kann es verstehen, denn ich hatte diese Scheißangst früher ebenso. Ich hatte Angst vor Krebs, Angst während meine Autoimmunkrankheit, Angst vor meiner Herz-OP. Bei der Herzoperation war ich innerlich ein Wrack. Allein die Vorstellung, dass dir jemand den Brustkorb aufsägt und dir mit einem Rippenspreizer deine Mitte aufbiegt und du dann wie so ein ausgeweidetes Vieh auf dem Tisch liegst, ist grausam und sorgte bei mir für reihenweise Albträume. Da hatte ich wirklich Schiss. Und ich hatte mich innerlich darauf eingestellt, dass ich vielleicht nicht mehr aufwache. Ich weiß gar nicht, wie viele Vollnarkosen ich schon bekommen habe, mehr als genug. Das war für mich jedes Mal wie ein Abschied, weil du nicht sicher sein kannst, ob du die Narkose überstehst. Also ja, ich hatte Angst. Jahrelang, immer wieder. Irgendwann aber macht dich diese Angst kaputt.

Ich hatte die Schnauze voll, mich davon beherrschen zu lassen. Also beschloss ich, keine Angst mehr zu haben. Angst ist ein ganz schlechter Ratgeber, du musst dem Tod einfach trotzen. Heiße ihn einfach willkommen und hoffe, dass er geht – ganz schnell wieder.

Was lernen wir daraus: Du musst erst todkrank werden, um die Angst vor dem Tod zu verlieren. Verrücktes Leben. Ich bin bereit, dieses verrückte Leben hinter mir zu lassen. Ich bin bereit, zu gehen.

Die einzige Frage, die noch offenbleibt, ist: Wie sieht so ein würdiger Abgang aus? Wenn es nach mir ginge, und ich das nötige Kleingeld hätte, würde ich mich in einem weißen Porsche begraben lassen. So einen, wie ich damals gegen die Leitplanke gesetzt hatte. Das hätte schon Stil. Nino im Porsche sitzend mit Vollgas zur Himmelstür, gute Vorstellung. Aber Spaß beiseite: Ich lasse mich verbrennen. Das ist die sauberste Lösung. Ich mag nicht unter der Erde vor mich hingammeln, auch ein klassisches Grab mit Kreuz und Stein ist nicht meins. Ich finde es ganz nett, wenn meine Urne unter einem Baum begraben wird, das hat etwas Hoffnungsvolles. Früher habe ich mir immer einen Scherz daraus gemacht und gesagt, dass »Jenseits von Eden« an meiner Trauerfeier gesungen werden soll. Aber ich erst dann bereit bin zu sterben, wenn irgendjemand dieses Lied genauso gut singt wie ich. Und da das unmöglich ist, werde ich ewig leben. Na ja … sehen wir dann. Ich habe einen Song im Kopf, der zu meinem Leben wunderbar passen würde. Er heißt »Zeit«. In diesem Song geht es um jede vergangene Sekunde, die du nicht mehr zurückholen kannst. Es geht darum, deine Zeit nicht zu vergeuden.

Dass es ein klassisches Leben nach dem Tod geben soll, bezweifle ich. Auch die Idee einer Reinkarnation überzeugt mich nicht. Was nach dem Tod passieren wird, weiß natürlich keiner. Aber ich glaube fest daran, dass etwas passieren wird. Dass wir nicht einfach so verschwinden. Ich wünsche mir so sehr, dass unsere Seelen überleben. Und dass sie immer ein Teil all jener Menschen sein werden, die du liebst und die dich lieben. Ich hoffe, dass sich der Tod wie eine ewige Freiheit anfühlt. Und es wäre wunderbar, dass wir im Tod all die Menschen, die wir geliebt haben und die gestorben sind, wiedersehen. Dass unsere Seelen da oben wie Schutzengel über uns wachen, an diesem tröstlichen Gedanken halte ich mich gern fest.

TIPP 6

Seit meiner Diagnose COPD, seit ich die Praxis des Pneumologen verließ, habe ich tatsächlich keine Angst mehr vor dem Sterben. Ich habe mein Leben lang gegen den Tod gekämpft und bisher immer gewonnen. Doch irgendwann verlierst du diese entscheidende Runde und liegst schließlich ausgeknockt mit Nasenbluten auf den Brettern. Dann ist das nun mal so. Ich habe akzeptiert, dass ich sterben werde, und damit komme ich gut zurecht. Was bringt es auch, den Kopf in den Sand zu stecken, nur weil ich mit Sicherheit keine 80 werde?

Warum soll ich mir also das Hier und Jetzt mit solchen Gedanken versauen? Ich habe gelernt, im Hier und Jetzt zu leben. Und das ist auch das Beste, was man tun kann, finde ich. Denn das Hier und Jetzt ist das Einzige, was zählt. Ich bin kein großer Freund von langfristigen Plänen, ich mache alles step by step, lebe von Tag zu Tag. Und was morgen ist, das werde ich sehen. Oder eben auch nicht.

KAPITEL 7

RAUS AUS DEM SCHATTEN

VON »TABALUGA« BIS »BIG BROTHER«

»In der Zukunft wird jeder seine 15 Minuten Ruhm haben«, sagte einst Andy Warhol. Ein kluger Kopf! Meine 15 Minuten hatte ich definitiv 1984 mit »Jenseits von Eden«. Doch ich wollte in die Verlängerung, ich wollte mehr als diese verdammten 15 Minuten, was in der Showbranche wirklich schwierig ist. Keiner weiß, wieso dieses eine Lied ein Mega-Hit wird und das nächste zum Flop avanciert. Es gibt so viele unfassbar gute Musiker, die letztlich nur ein »One-Hit-Wonder« geblieben sind. Ich meine das gar nicht despektierlich, es ist schwierig genug, überhaupt einen Hit zu landen. Trotzdem wollte und will ich eben mehr sein als nur dieser Kerl, der einmal »Jenseits von Eden« gesungen hat. Ich kann mich noch gut an die Jungs von »a-ha« erinnern. Die norwegische Band rund um Morten Harket hatte 1984 mit ihrer Debüt-Single »Take On Me« weltweit nur 300 Stück verkauft. Ich stand in diesem Jahr ganz oben in den Charts und diese armen Schweine blieben auf ihrem Knallersong sitzen. Im Nachhinein haben sie erzählt, wie sie nach London gegangen sind, um als Band durchzustarten. Sie hatten nur diesen einen Song im Gepäck und sie glaubten unerschütterlich an den Erfolg. Aber niemand wollte dieses Lied im Radio spielen und so kellnerten die Jungs, um ihre Miete zahlen zu können. Ein Jahr später wurde »Take On Me«, also exakt dieser gleiche Song, ein Welthit. Ich hatte vor »Jenseits von Eden« und auch danach jede Menge großartige Lieder, die es alle verdient hätten, ein Hit zu werden. Viele dieser Songs, wie »Ich sterbe nicht nochmal« oder »Flieger«, waren erfolgreich, keine Frage. Aber sie waren eben kein Nummer-1-Hit. Warum? Keine Ahnung.

1993, also fast zehn Jahre nach »Jenseits von Eden«, war ich mal wieder bei meinem Kumpel Dieter Dierks in dessen Studio bei Köln, dem Produzenten der »Scorpions«. Ich war sehr ehrgeizig und arbeitete wie wild an meinem nächsten Hit. Wie gesagt, die 15 Minuten Ruhm waren mir zu wenig. Ich war fast täglich in diesem Studio, habe komponiert und produziert. Auch die Band »New Legend« nutzte Dierks Know-how für ihr erstes Album, das ebenso »New Legend« hieß. »New Legend« sind keine neue Legende, sondern eine Rock-Band mit fünf grandiosen Vollblutmusikern. Gegründet wurde die Band von Gitarrist Carl Carlton und Schlagzeuger Bertram Engel. Beide gehörten seit vier Jahrzehnten zur Peter-Maffay-Band. Gemeinsam mit Keyboarder Pascal Kravetz und den beiden holländischen Blues-Rockern Harry de Winter und Peter Bootsmann machten sie richtig gute Musik. Mit »New Legend« versuchten sie ihr eigenes Ding, sie wollten raus aus dem Schatten von Peter Maffay. Und Dierks sollten ihnen dabei helfen. Ich mag die Jungs noch heute. Damals waren wir ziemlich gut befreundet, was eben auch daran lag, dass wir unzählige Stunden in Dierks Studio verbrachten und oft die halbe Nacht zusammensaßen, ein bisschen was tranken und quatschten. Irgendwann kam das Gespräch auf die bevorstehende »Tabaluga«-Tour von Peter Maffay. Es fehlte noch ein Sänger und Bertram meinte, ich würde da stimmlich super reinpassen. Bertram fragte mich, ob ich da drauf überhaupt Lust hätte. Klar, hatte ich die. »Okay, dann rede ich mal Peter«, sagte Bertram zu mir. Das tat er, und kurz darauf wurde ich von Peter Maffay zu den Proben eingeladen.

Die Adresse hatte ich von Bertram bekommen, also sagte ich einfach mal »Hallo«, auch wenn mein Vorsingen eigentlich erst zwei Tage später gewesen wäre. Aber ich war neugierig, ich wollte Peter unbedingt mal persönlich kennenlernen und ich hatte gerade Zeit. Kaum war ich dort, stellte mich Peter direkt auf die Bühne: »Hey, wenn du schon da bist, kannst du auch gleich singen.« Das hätte wirklich in die Hose gehen können, denn ich war eigentlich nicht aufs Singen vorbereitet, auch mit dem Text hatte ich noch meine Schwierigkeiten. Ich sollte das Lied »Strom der Zeit« singen. Es ist die Stelle im Musical, in dem der kleine Drache Tabaluga im Traum seinem Vater begegnet und sich an dessen Ratschlag erinnert. Es ist ein unglaublich emotionaler Song. Ich muss gestehen, dass ich richtig nervös war. Vor 20 000 Leuten in der Halle zu singen, ist die eine Sache. Allein vor einer Legende wie Peter Maffay eine ganz andere. Aber das ist das Fantastische an der Musik. Wenn dich der Beat mal verzaubert, dann zauberst du ebenso. Ich schnappte mir also das Mikro, die Band legte los und ich habe das Ding perfekt rausgeschmettert. Kein Texthänger, nicht ein falscher Einsatz. Es hätte besser nicht laufen können. Und so bekam ich den Job.

Die »Tabaluga und Lilli«-Tour ging von 1993 bis 1994. 1994 wurde dieses Rockmärchen sogar live in der Dortmunder Westfalenhalle für das ZDF ausgezeichnet und anschließend als Hörspiel veröffentlicht. Es war eine gigantische Tour. Sämtliche Hallen waren ausverkauft. Es war eine geile Produktion. Es war tolles Publikum. Es stand eine Hammer-Band auf der Bühne. Als Künstler kannst du dir eigentlich gar nicht mehr wünschen, als bei so einer Tour mitmachen zu dürfen. Aber es war keine Tour, wie ich sie wohl mit Drafi Deutscher durchgezogen hätte. Peter Maffay ist super professionell und verlangte bei jedem Konzert von jedem das Beste. Er nimmt seine Aufgabe sehr ernst. Wir sind nach den Konzerten zwar oft zusammengesessen und es wurde auch das eine oder andere Bierchen vernichtet, aber es war keine Partytruppe. Es ging eher familiär, freundschaftlich und sehr respektvoll zu.

Peter ist ein Mensch, von dem du sehr viel lernen kannst, auch menschlich. Er kannte jeden Einzelnen in diesem riesigen Tour-Team mit Namen. Obwohl er der Chef war, der Star, um den sich alles drehte, gab er jedem das Gefühl, genauso wichtig zu sein. Er stand auch bei jedem meiner Auftritte hinter der Bühne und sah mir zu. Einmal nahm er mich nach einem Konzert zur Seite und meinte: »Nino, du weißt gar nicht, was der liebe Gott dir geschenkt hat.« Peter war ein Fan meiner Stimme und meiner Performance. Wir mochten uns sehr und mögen uns immer noch sehr gerne. Also wenn wir uns heute sehen, nehmen wir uns erst einmal feste in den Arm. Schade ist nur, dass sich nach »Tabaluga« keine neue Zusammenarbeit mehr ergeben hat. Ich hätte wahnsinnig gerne mit Peter zusammen ein Duett aufgenommen, das hätte stimmlich perfekt gepasst. Aber – und da muss ich ehrlich sein – hätte mir diese Zusammenarbeit mehr gebracht als ihm. Peter ist ein Superstar. Er braucht mich nicht. Ich wünschte, ich könnte umgekehrt das Gleiche sagen.

Drei Jahre später, ich hatte gerade meinen Lymphdrüsenkrebs besiegt und erkämpfte mir Oktave für Oktave meine Stimme zurück, lernte ich Brad Buxer kennen. Buxer ist ein Musikgenie und war damals der musikalische Leiter von Michael Jacksons

HIStory World Tour. Im Juni 1997 hatte Michael Jackson in Köln gespielt und Buxer war zu Besuch im Tonstudio von Dieter Dierks, meinem zweiten Wohnzimmer. Dierks kennt sie alle. Einmal war sogar Michael Jackson persönlich im Studio, aber ich hatte ihn leider nur flüchtig rein- und wieder raushuschen sehen. Buxer blieb länger. Er wollte irgendetwas aufnehmen und brauchte Dierks` Hilfe. Und so kamen wir ins Gespräch. Er fragte, an was ich gerade arbeite und ob er sich etwas anhören könne. Ich spielte ihm meine sämtlichen Songs und er war sofort begeistert. Schließlich gesellte sich auch noch Bruce Swedien zu uns. Bruce war der verantwortliche Tonmeister von Michael Jackson gewesen, er hatte alle Alben des »King of Pop« zusammengemixt, von »Thriller« über »Bad« bis »Dangerous«. Bruce war wegen eines Workshops bei Dierks. Er hatte spezielle Abhörboxen kreiert beziehungsweise bauen lassen, die er beim Mischen seiner Musikalben verwendete, und er zeigte in seinem Workshop, der eigens für Produzenten und Toningenieure war, wie er damit arbeitet. Bruce war eine Waffe, ein Gigant. Er wurde zwölf Mal für den Grammy nominiert, hat ihn fünf Mal gewonnen, drei Mal für seine Michael-Jackson-Alben, zwei Mal für die Jazz-Platten von Quincy Jones. Zu schade, dass er gestorben ist. Über Brad Buxer kam ich ebenso mit Bruce Swedien ins Gespräch. Brad hatte ihm offenbar schon von mir erzählt, denn Bruce war gleich Feuer und Flamme, als es um meine Musik ging. »Hey, Nino, du musst unbedingt zu uns nach New York kommen«, sagte Bruce im Laufe des Gesprächs. »Wir nehmen deine Songs mit unserer Band noch einmal neu auf. Ich misch dir das zusammen, das wird awesome!« Er sagte das in jedem zweiten Satz: awesome! Also genial. Und so kam es eben, dass ich mich in den Flieger setzte und über den Atlantik nach Westen flog, zum Big

Apple. Im New Yorker Studio von Bruce Swedien gab sich die Elite der Starmusiker die Klinke in die Hand. Alle waren sie bei ihm: Mick Jagger, Diana Ross, Paul McCartney, Barbra Streisand, Jennifer Lopez … und noch mehr. Auf einmal war ich Teil dieser Welt. Ich durfte die Luft von denen ganz da oben schnuppern. Ich stand im selben Aufnahmeraum wie sie, hielt dasselbe Mikrofon in den Händen.

Es war eine unfassbare Erfahrung, die mit Geld nicht zu bezahlen ist. Und das war gut so, denn Geld kam dabei leider keines rum.

Es war wieder einer dieser Gesegnet-und-verflucht-Dilemmas. Die Arbeit mit Bruce Swedien war ein super Erfolg, wir haben einen Wahnsinnssong produziert, der definitiv durch die Decke gegangen wäre. Allerdings hatte ich zu dieser Zeit in Deutschland noch einen gültigen Vertrag mit einem anderen Label. Und mein damaliger Vertragspartner wollte mich partout nicht aus diesem Kontrakt gehen lassen. Ich erklärte ihm, dass das meine Chance für ein Comeback wäre. Dass er mich nur für diesen einen Song aus dem Vertrag lassen sollte. Dass er doch auch davon profitiere, wenn ich erfolgreich sei, weil wir dann einfach die nächsten Songs zusammen produzieren könnten. Aber er blieb stur. Er ließ mich tatsächlich nicht gehen. Bruce Swedien hätte seine Rechte an meinem Song komplett an mein Label abtreten müssen, und das wollte er verständlicherweise nicht. Also endete meine vielversprechende Zusammenarbeit mit dem Michael-Jackson-Macher, bevor sie überhaupt so richtig begann.

Vielleicht kommt unser Song ja doch irgendwann noch ganz groß raus, wer weiß … Aber nichtsdestotrotz will ich diese kurze Zeit nicht missen. Was ich in diesen Tagen an Erfahrungen für mich und meinen künstlerischen Lebensweg sammeln konnte, werde ich nie vergessen. Das war einmalig. Oder um es mit den Worten von Bruce Swedien zu sagen: It was awesome!

Mit Bruce Swedien an meiner Seite hätte ich es definitiv geschafft, wieder raus aus dem Schatten meiner früheren Glanztage zu treten. Doch es sollte eben nicht sein, also machte ich weiter wie bisher. Und das gar nicht mal so unerfolgreich, wenn ich mal so bescheiden sein darf. Von 2000 bis 2005 brachte ich vier weitere Alben heraus: »Schwindelfrei« (2000), »Solange man liebt« (2002), »Un momento italiano« (2004) und »Nino« (2005). Was die wenigsten wissen: Ich habe in dieser Zeit auch das Titellied »Heile Welt« für den Walt-Disney-Zeichentrick-Hit »Ein Königreich für ein Lama« gesungen. Den Film kennen alle, aber dass das meine Stimme ist, die »König Kuzco« zum »Grooven« bringt, ahnen wohl die wenigsten. Es ist diese lustige Anfangssequenz, als »Kuzco« selbst verliebt singend durch seinen goldenen Palast tanzt und dabei diesen alten Mann mit Gehstock aus dem Fenster werfen lässt, weil dieser den »königlichen Groooove« gestört hat. Die Szene ist zum Totlachen. Komponiert wurde der Song von Sting, im Original gesungen von Tom Jones. Eigentlich wollten die Produzenten, dass Sting den Eröffnungssong selbst singt, aber der lehnte ab, weil er sich zu alt für einen Kinderfilm fühlte. Dass schließlich Tom Jones das Ding rockte, obwohl er elf Jahre älter ist als Sting, ist zu geil. Und typisch für Jones. Der Typ hat einfach Power. Aber genau diese Power wurde für Disney zum Problem. Denn finde mal einen deutschen Sänger, der die gleiche tiefe Rockröhre hat wie »Tiger« Jones. Es wurden alle möglichen Sänger gecastet, aber keiner schaffte es, das Lied einigermaßen authentisch rüberzubringen. Alle kackten sie ab gegen Tom Jones. Schließlich landeten sie bei mir, auch wieder dank eines kleinen Winks des Schicksals. Denn der Typ, der für die

Übersetzung und den deutschen Soundtrack zuständig war, war ein ehemaliges Bandmitglied von mir: Tommy Amper. Und der rief mich irgendwann an und sagte: »Du, wir haben hier ein Problem. Spezialauftrag. Du musst nach München kommen und etwas für mich einsingen.« Ich also ab nach Bayern, rein ins Studio und habe das getan, was ich am besten kann: singen! Nach nur einer Stunde war der Song im Kasten. Disney war begeistert von meinem Feeling. Sie meinten, das sei genauso gut wie von Tom Jones. Das war schon ein Ritterschlag, und – das muss ich auch mal sagen – dazu verdammt gut bezahlt. Disney hat sich das schon was kosten lassen. Die deutsche Stimme von »König Kuzco« hat Michael Bully Herbig gesprochen. Ich lernte Bully an diesem Tag im Studio kennen, ein sehr feiner, freundlicher Mensch, den ich schätze und mag. Mein Band-Kumpel Tommy Amper ist übrigens die deutsche Stimme von »Kronk«. Ich stehe als »Titelsong-Fuzzi« im Abspann, herrlich …

Von Walt Disney zu einer Daily Soap wie »Unter uns« mag wie ein Abstieg klingen, aber das war es nicht. »Unter uns« ist neben »Gute Zeiten, schlechte Zeiten« die älteste Seifenoper im deutschen Fernsehen. Die gibt es schon seit 1994. Bei »Unter uns« dreht sich alles um die Bewohner des Hauses in der fiktiven Schillerallee 10 in Köln. Gedreht wird auch in Köln, genauer gesagt in Köln-Ossendorf, das war damals quasi bei mir um die Ecke. 2006 wurde ich von RTL angefragt, beziehungsweise von der Produktionsfirma Grundy. Es wurde ein Schauspieler für die Rolle des Michael Winter gesucht, dem Vater von Ingo »Easy« Winter, gespielt von Lars Steinhöfel. In der Rolle ging es darum, dass »Easys« Vater gerade aus dem Knast entlassen wurde und den Kontakt zu seinem Sohn sucht. Winter will seinen Sohn mit nach Leipzig nehmen, doch dann erfährt dieser von den kriminellen Machenschaften des Papas. Wieso die Produzenten bei dieser Personenbeschreibung ausgerechnet auf mich kamen, sei mal dahingestellt. Es sollte halt ein Typ sein, dem man so eine Geschichte glaubt. Ich nehme das mal als Kompliment. Wie dem auch sei, ich fand die Idee, mich als Schauspieler auszuprobieren, auf jeden Fall spannend und sagte sofort zu. Das war dann wie ein Sprung ins kalte Wasser. Ich hatte zwar vorher ein bisschen Coaching von einer Schauspiellehrerin bekommen, aber dann hieß es auch schon: »Klappe, die erste, für Nino de Angelo«. Es hat super viel Spaß gemacht, mal vor einer Kamera zu stehen. Das ist etwas völlig anderes, als wenn du ein Konzert gibst oder im Fernsehen auftrittst. Da wirst du zwar auch gefilmt, aber du spielst ja keine Rolle. Die Kunst als Schauspieler ist, die Kamera zu vergessen. Je natürlicher du vor der Kamera agierst, desto authentischer kommst du rüber. Diese Erfahrung bringt dir später als Sänger unwahrscheinlich viel. Ich kann jedem Nachwuchssänger daher nur empfehlen, sich einen Schauspiel-Coach zu nehmen, um eben die eigene Bühnenpräsenz zu verbessern. Nur eine Sache hatte ich unterschätzt: das Textlernen! Ich hatte jede Woche einen dicken Packen an Drehbüchern bekommen mit gefühlt tonnenweise Text. Du musst nämlich nicht nur deine Rolle auswendig können, sondern auch die Texte derer, mit denen du in der jeweiligen Szene spielst. Damit du weißt, wann genau dein Einsatz kommt. Klingt logisch, ist aber knallharte Arbeit. Ich bin jetzt nicht so als Leseratte bekannt und gehöre eher zu denen, die bei jeder Bucherscheinung lieber auf den Film im Kino warten. Und auf einmal musste ich mich durch Hunderte von Textseiten quälen. 25 Folgen lang.

Ich habe seit dem Tag einen anderen Blick auf die Schauspielerei, und ich bewundere meine Kollegen, wenn ich mal so frei sein darf, sie Kollegen zu nennen. Bei »Unter uns« sind nämlich nur gelernte Schauspieler am Set, echte Vollprofis, die im Vergleich zu mir alle eine Schauspielschule besucht haben. Am Anfang hatte ich die Befürchtung, gerade deshalb nicht akzeptiert zu werden. Ich war schließlich nicht am Set, weil ich ein begnadeter Mime war, sondern weil ich den Promibonus als Sänger in der Hinterhand hatte. Aber: Niemand ließ mich das spüren. Im Gegenteil. Vor allem Stefan Bockelmann, der den Malte Winter verkörperte, war großartig zu mir. Er gab mir vor und nach den Szenen Tipps, wie ich vom Winkel besser zur Kamera stehe oder wie man im Dialog eine dramaturgische Pause einhält. Mit Stefan hatte ich meinen eigenen Schauspiel-Coach am Set. Auch zu »Easy«, also Lars Steinhöfel, hatte ich ein herzliches Verhältnis. Er hat wirklich Ähnlichkeit mit meinem richtigen Sohn, daher fiel mir die Vaterrolle ziemlich leicht. Vielleicht mag ich diesen Jungen darum so gerne.

Meine Rolle war erst einmal auf 25 Folgen ausgelegt, mit Option auf Verlängerung, wie es so schön heißt. Hätte ich den Wunsch geäußert, hätte ich sicherlich eine durchgehende Rolle bekommen, aber mein Herz hing doch mehr an der Musik als an der Schauspielerei.

Ich bin nun mal ein Vollblutsänger: Komponieren und Texten, das wird in meinem Leben immer die größte Rolle spielen. Letztlich würde ich die Bühne jedoch nie für die Kamera eintauschen.

Trotzdem freue ich mich, wenn ab und zu Angebote kommen, kleinere Engagements zu übernehmen. So stand ich 2012 beispielsweise für die »Küstenwache« vor der Kamera, die Folge hieß »Jenseits von Eden«. 2017 hatte ich einen Gastauftritt bei »Alarm für Cobra 11 – die Autobahnpolizei«. Wie diese Folge hieß? Überraschung: ebenso »Jenseits von Eden«. Bei »Cobra 11«

spielte ich einen Sänger, der auf einer Hochzeit singen sollte, bei der der Brautvater entführt wurde. Ich mag diese Actionserie nicht nur wegen Erdoğan Atalay, sondern vor allem wegen meiner Vorliebe für schnelle Autos. Als Schauspieler würde ich mich dennoch nicht bezeichnen, trotzdem kommt es auf einer Visitenkarte schon ziemlich lässig, wenn da steht: Nino de Angelo. Komponist, Texter, Produzent, Sänger und Schauspieler.

2008 hatte ich als Michael Winter bei »Unter Uns« noch einmal ein Mini-Comeback. Damit erfüllte ich mir einen kleinen Herzenswunsch. Meine Tochter besuchte damals eine Schauspielschule und die Produktion fragte an, ob ich nicht gemeinsam mit meiner Tochter vor der Kamera stehen möchte – für eine Doppelgastrolle. Es war damals diese Zeit, als ich auf Mallorca lebte und gegen meine Autoimmunkrankheit kämpfte. Ich hatte damals zwar anderes zu tun, als für eine Seifenoper den Ex-Knacki zu mimen, nämlich ums nackte Überleben zu kämpfen. Doch die Chance, einmal mit meiner Tochter zu schauspielern, sie bei ihren ersten Schritten vor die Kamera zu begleiten, das ließ ich mir nicht nehmen. Von all den Szenen, die ich bei »Unter uns« hatte, gehören die mit meiner Tochter zu meinen absoluten Lieblingsszenen. Sie hat das fantastisch gemacht, viel besser als ich. Ich war so stolz. Inzwischen ist meine Tochter fast berühmter als ihr alter Herr. Sie hat sich als Modebloggerin einen Namen gemacht und bringt es als Influencerin auf weit über 200 000 Abonnenten auf Instagram. Und das Beste daran: Mein kleiner Engel benutzt einen Künstlernamen, der so gar nichts mit mir zu tun hat. All das, was sie erreicht hat, schaffte sie aus eigener Kraft.

Vieles in meinem Leben und in meiner Karriere verdanke ich dem Zufall. Oder einer Fügung. Ich glaube immer mehr, dass alles aus einem bestimmten Grund geschieht, den wir erst später verstehen, falls wir ihn überhaupt verstehen. Die Zusammenarbeit mit Eko Fresh war so eine Fügung. Ich hatte 2011 einen neuen Plattenvertrag bei 7days music unterschrieben, die saßen damals in München. Eko Fresh stand zu dieser Zeit ebenso unter Vertrag. Genau dort sind wir uns auch das erste Mal über den Weg gelaufen, bei einer Sommerparty des Labels. Wie jedes Label veranstaltete auch 7days music regelmäßig solche Evens, um neue Projekte vorzustellen. Eko war es gewesen, der mich irgendwo zwischen Büffet und Bar angequatscht hatte. Wir mochten uns auf Anhieb, vielleicht auch deshalb, weil wir beide aus Köln kommen. Ich war damals wieder von Mallorca zurück in die Domstadt gezogen, das war nach meiner dritten Scheidung. In Köln wuchs ich auf, in Köln begann meine Karriere, hier war meine Heimat.

Ich sagte: »Hey, Eko, lass uns doch mal in Köln ein Bierchen trinken gehen. Ich wohne ja jetzt wieder dort.« Also haben wir uns zum Mittagessen bei meinem Lieblingsitaliener getroffen. Eko gehört zu den besten Rappern Deutschland und ich hatte die Idee, eine Rap-Version von »Jenseits von Eden« aufzunehmen. Ich singe den Refrain, Eko den Rap. Eko war begeistert. Ihm war es aber wichtig, selbst den Text zu schreiben. »Jenseits von Eden« ist ein gesellschaftskritischer Song, genau das wollte Eko aufgreifen. Er wollte über die Drogenszene und die Prostitution singen, über all die armen Seelen, die in der Gesellschaft gerne vergessen werden. Ich weiß noch, dass mir Eko ein paar Wochen später den Text gab und ich ihn so geil fand. Auch die Idee zum Video war super. Ich sagte: »Okay, ab ins Studio. Das nehmen wir sofort auf!« Der Song stürmte im September 2011 die Charts. Ein paar Tage vor der offiziellen Veröffentlichung traten wir damit bei »The Dome 59« im Forum Theater in Ludwigsburg auf, als eine Art Vorpremiere. Cassandra Steen war damals auch dabei, genau wie die Band »Madcon feat. Itchy«. Es war ein ganz intimer Auftritt vor nur 1000 Leuten. Eine unvergessliche Atmosphäre. Zwischen mir und Eko hat sich seitdem eine echte Freundschaft entwickelt. Wir telefonieren regelmäßig, er ist eigentlich wie ein kleiner Bruder für mich.

Den »großen Bruder« lernte ich 2015 lieben und hassen gleichermaßen.

2015 bekam ich die Anfrage zu »Promi Big Brother«. Einer meiner ältesten Freunde, Manfred Meier, hatte damals für die Produktionsfirma, die »Big Brother« produziert, die Protagonisten gesucht. Manfred und ich kennen uns aus Kölner Tagen. Er war früher der Unterhaltungschef der »Bild«-Zeitung und hatte einen guten Riecher dafür, was gerade im Trend ist, wer bei den Menschen ankommt und wer nicht. Manfred war überzeugt, dass meine Zeit für den Container jetzt gekommen sei. Er war sich sicher, dass ich zu den Gewinnern gehören würde. Er rief mich an und meinte: »Ich habe da was für dich. Würdest du bei ›Promi Big Brother‹ mitmachen?« Meine Antwort darauf war eher pragmatisch: »Kann man da Geld verdienen?« Er meinte: »Aber ja doch!« Die Produktionsfirma bot mir in der Tat eine fette Gage an und dazu die Aussicht auf 100 000 Euro Siegesprämie. Also sagte ich zu. Natürlich hatte ich meine Zweifel, vor allem, weil mir jeder in meinem Freundeskreis davon abgeraten hatte. »Das ist Trash«, hieß es. Oder »Da machen doch nur Loser mit!«. Auch mein damaliger Manager war überzeugt davon, dass »Big Brother« ein riesengroßer Fehler sei. »Nino«, polterte er, »danach bist du tot. Dann kannst du deine Karriere endgültig an den Nagel hängen. Dich nimmt keiner mehr ernst.« Ich war anderer Meinung. Gerade weil in diesem Format so viele C-Promis mitmischen, hätte ich die besten Chancen zu gewinnen. Und wenn ich mich so zeigte, wie ich war, warum sollte es meinem Image schaden?

Bereits drei Tage vor der eigentlichen Sendung wurden wir vor der Öffentlichkeit abgeschottet, eingesperrt in einer Suite im Maritim Hotel in Bonn. Es gab kein Fernsehen, kein Radio, nichts. Auch Handy und Laptop wurden uns abgenommen. Keiner durfte die Suite verlassen, Besuche waren tabu. Diese Einzelhaft kam mit Ansage und war Teil des Vertrags. Ich wusste davon und schmuggelte mir vorsorglich eine Flasche Jack-Daniel's-Whiskey mit aufs Zimmer. Das war meine ganz persönliche Vorbereitung auf »Big Brother«. Wie bitte soll man sich denn überhaupt auf solch ein Format vorbereiten? Ich kenne niemanden, der schon mal zwei Wochen in einen Container gesteckt und dabei rund um die Uhr gefilmt wurde. Natürlich hatte ich im Vorfeld schier unzählige Gespräche über »Promi Big Brother« geführt. Irgendwie hatte wohl jeder das dringende Bedürfnis gehabt, mir zu sagen, was ich im Container tun soll und was besser nicht. In einem Punkt waren sich alle einig: Um »Promi Big Brother« zu gewinnen, musst du dich so gut wie möglich beim Publikum verkaufen. Es gehe nicht darum, sein wahres Ich zu zeigen, sondern darum, von den Zuschauern gemocht zu werden. Im Klartext: eine Rolle spielen, auf Kuschelkurs und bloß nicht anecken. Was passierte, war wohl allen klar: Kaum war ich in diesem Blechkasten drin, warf ich sämtliche guten Ratschläge über Bord. Ein typischer Nino eben. Ich kann das einfach nicht – zwei Wochen eine Rolle spielen. Darum beschloss ich, dass es das Beste ist, wenn ich mich gebe, wie ich bin.

Leider war ich damit der Einzige in diesem Container. Dass manche Leute allein wegen einer Chance auf 100 000 Euro Preisgeld quasi über Leichen gingen, hätte ich nicht erwartet. Das verdiente ich zuvor auf einer Arschbacke und benahm mich dennoch nicht wie ein Arsch. Ich bin nach dem Auszug oft gefragt worden, was denn das Schlimmste für mich in diesen zwei Wochen im Promi-Container gewesen war. Die vielen Menschen auf einem kleinen Raum? Die Kameras rund um die Uhr? Der Verlust der Privatsphäre? Nichts davon war schlimm. Jeder weiß, wie diese Show abläuft. Diese Einschnitte waren keine Überraschung. Überrascht und geschockt hat mich nur das Verhalten meiner Mitbewohner. Es war irritierend für mich zu sehen, wie jeder von ihnen in eine Rolle schlüpfte und alles dafür tat, um beim Publikum zu punkten. Wie die sich anbiederten, furchtbar. Dazu diese übertriebene Zurückhaltung. Bloß nicht der Buhmann sein. Ich kannte einige der Kandidaten schon vor »Big Brother« und wusste, wie die normalerweise tickten. Doch dieses auffällig höfliche Rumgeeiere war auf Dauer nicht nur nervig, sondern vor allen Dingen langweilig. Ich hatte daher immer wieder versucht, die Gruppe zu motivieren, anzutreiben. »Hey, Leute«, sagte ich, »wir machen hier eine Show. Das ist Entertainment. Jetzt kommt mal aus euch raus. Was soll das? Die Leute wollen was sehen.« Mich wunderte es nicht, dass die Einschaltquoten am Anfang im Keller waren. Das wurde erst besser, als ich anfing, so richtig Gas zu geben. Erstens kotzte mich diese Langeweile an. Zweitens hatte ich diese falschen Spielchen satt. Ich kann es nicht leiden, wenn Menschen einen vorne herum anlächeln und dir dann von hinten den Dolch in den Rücken rammen. Dieses falsche Spiel beherrschte vor allem die Désirée Nick oder Nix. »Nix« ist genau der richtige Name! Bei jeder Gelegenheit kam sie mit einer weiteren versteckten Anspielung auf irgendwelche negativen Schlagzeilen, die ich mal hatte. Dieser so offensichtliche Versuch, mich zu provozieren, kam mir so geplant vor, als ob sie dazu angehalten würde, mich aus der Reserve zu locken. Auch das jagte die Quoten nach oben.

Ich bin lange genug dabei, um zu wissen, wie das Showbiz funktioniert. Trotzdem gebe ich zu, dass mich dieses kollektive Dissen mehr getroffen hat, als ich erwartet hätte. Ich zog daraufhin mein eigenes Ding in dieser Show durch und tat das, was wohl jeder in meiner Situation getan hätte: Ich begann, mir die Sache erträglich zu trinken. Ich muss zugeben: Es machte einen Heidenspaß. Gerade im Luxusbereich gab es das allerfeinste Zeug in rauen Mengen. Also ließ ich, wann immer es ging, die Korken knallen. Es gab schließlich keinen Grund für mich, das nicht zu tun. Und mir war es scheißegal, was andere über mich dachten. Ich rasselte mit einigen Leuten aneinander. Und dass sich einige beschwert und gesagt haben: »Der säuft zu viel.« Das Trinken war allerdings nicht das eigentliche Problem, sondern dass ich sagte, was ich dachte. Ich nehme generell kein Blatt vor den Mund, ob betrunken oder nicht. Aber wenn ich leicht einen sitzen habe, kommt meine Antwort noch ein bisschen direkter. Damit können viele nicht umgehen.

Welcher Stempel dir als Kandidat während dieser Show aufgedrückt wird, entscheidest niemals du selbst, sondern die Regisseure. Die zeigen nur das, was sie wollen, beziehungsweise das, was das Publikum sehen will. Es geht ja schließlich um die Quoten. Auf jeden Fall wurde ziemlich schnell entschieden, nur noch den Bad-Boy-Nino zu präsentieren. Der abgestürzte Schlagerstar mit dem Alkoholproblem, so etwas zog. Ich habe erst hinterher erfahren, wie welche Sequenzen von mir zusammengeschnitten – und rausgeschnitten wurden. Da wurde ein Bild von mir vermittelt, was mir definitiv nicht entspricht. Dass ich regelmäßig für alle gekocht hatte und die Bude sauber hielt, wurde nie gesendet. Auch nicht, wie ich im »armen« Bereich versucht habe, jedem etwas Gutes zu tun. Nein, ein Nino, der jeden Tag freiwillig die Küche putzte und sich um seine Mitbewohner sorgte, der passte nun mal nicht ins Bad-Boy-Klischee.

Die Geschichte mit Rudi dagegen umso besser.

Für alle, die keine Ahnung haben, worum es geht: Rudi war mein Papiertüten-Kumpel. Eine braune Tüte mit Gesicht, innen hohl, und doch cleverer als einige meiner damaligen Container-Bewohner. Ich hatte Rudi gebastelt, als ich in den Keller musste. Es gibt bei »Big Brother« neben dem Luxus-Bereich auch eben diesen Wasser-und-Brot-Keller. Diese Idee zu Rudi stammt nicht von mir, sondern aus dem Hollywood-Klassiker »Cast Away – Verschollen« mit Tom Hanks. Hanks war in diesem Film nach einem Flugzeugabsturz auf einer einsamen Insel gestrandet und lebte dort sieben Jahre lang völlig isoliert. Um nicht völlig durchzudrehen und weil der Mensch nun mal ein kommunikatives Wesen ist, bastelte er sich aus einem Beachvolleyball seinen Kumpel »Wilson«. Diese Geschichte ist natürlich erfunden, aber der Gedanke dahinter ist alles andere als Fiktion. Dass Menschen Selbstgespräche führen, ist eine Art Schutzmechanismus. Gedanklich führen wir alle diese Zwiegespräche mit uns selbst. Ich habe gelesen, dass solche Selbstgespräche wunderbar helfen, besser mit Emotionen klarzukommen. Aber wehe, du sprichst laut mit dir selbst, oder in meinem Fall zu einer braunen Papiertüte, dann heißt es sofort, du bist total bescheuert.

»Nach zwei Flaschen Schampus war Nino nicht nur jenseits von Eden, sondern jenseits von Gut und Böse«, hetzte die Presse damals. Es wurde gezeigt, wie Menowin dramatisch in Richtung Kamera rief: »Wenn ihr den Nino jetzt nicht rausholt, dann knallt es!« Ein Drehbuchschreiber hätte es nicht besser inszenieren können.

Es wurde behauptet, ich sei diesem Druck nicht gewachsen gewesen. Es wurde geschrieben, dass ich vorgeführt wurde und ein jämmerliches Bild abgab. Das ist Bullshit. Zugegeben, dass ich in Tränen ausbrach, als mein Freund Rudi von den Mitbewohnern lachend zerrissen wurde, war nicht gerade meine Sternstunde. Aber ich hatte in diesem Moment tatsächlich um meinen Freund getrauert. Dass ich ein Sensibelchen bin, ist kein Geheimnis. Mir war einfach zum Weinen und dafür schäme ich mich nicht. Es war die ehrlichste Emotion in dieser ganzen dritten Staffel. Ich hatte mich in diesem Käfig oft missverstanden und verraten gefühlt. Vor allem in diesem Kellerraum fühlte ich mich einsam, wirklich einsam, obwohl wir dort unten zu sechst wie die Ölsardinen eingesperrt waren. Also kam ich auf die Idee mit Rudi. Auch wenn das viele nicht verstehen können: Rudi tat mir gut – und nicht nur mir. Für den Sender war mein Papierkumpel ein Glücksfall. Wer heute, also Jahre später, über diese »Promi Big Brother«-Staffel spricht, der erinnert sich nur noch daran, wie ich mich mit dieser Papiertüte unterhalten habe. Auch wenn ich damals als »halb senil und reif für die Klapsmühle« dargestellt wurde, war es letztlich ein Geniestreich. Denn diese Aktion blieb in Erinnerung. Und nur darum geht es in der Entertainment-Branche: zu unterhalten und Erinnerungen zu schaffen. Der große Harald Juhnke pflegte immer zu sagen: »Es ist scheißegal, was über dich verbreitet wird. Hauptsache, dein Name ist richtig geschrieben.« Harald wusste, wie der Hase läuft. Harald sollte auch in meinem Fall recht behalten.

Selbst die mieseste Schlagzeile hat mir nicht geschadet. Im Gegenteil.

Mir war schon während der 14-tägigen Zeit im Container klar, dass ich nicht der Verlierer war, für den mich viele hielten. Immerhin wurde ich Dritter. Immerhin wurden neun vor mir rausgewählt. Dass ich aber nach meinem Auszug wie der Sieger gefeiert wurde, damit hatte ich nicht gerechnet. Ich weiß noch, wie ich aus diesem Container kam und alle möglichen Leute auf mich zustürmten, mich in den Arm nahmen oder mir anerkennend auf die Schultern klopften. Die Produzenten bedankten sich bei mir für mein Engagement und mein Entertainment. »Nino, du warst so klasse. Du warst der absolute Hammer.« Bevor jetzt behauptet wird, ich denke mir das aus, kann ich das sogar mit Zahlen belegen. Vor »Big Brother« hatte ich auf meinem Facebook-Account rund 10 000 Follower, danach hatte sich die Anzahl meiner Fans verfünffacht. Ich hatte über 50 000 Abonnenten. So viel dazu, dass mein Auftreten erbärmlich gewesen sei. Ich war selbst überrascht, wie viele positive Kommentare ich letztlich bekam. Das war wahrlich ein Aha-Effekt, weil damit keiner gerechnet hatte. Mein Manager hatte mir ja prophezeit, dass mich »Big Brother« meine Karriere kosten würde, und als die Sache mit Papier-Rudi durch die Presse ginge, fühlte er sich sicherlich darin bestätigt. Fakt aber ist: »Big Brother« pushte meine Karriere, trotz zum Teil wirklich übler Schlagzeilen. Aber der positive PR-Effekt überwog. Diese »Big Brother«-Staffel war eine der erfolgreichsten Staffeln überhaupt. Und diesen Orden hefte ich mir an. Das ist einfach so. Jahre später hat mich sogar jemand von der Redaktion angerufen und über die schlechten Einschaltquoten geklagt. Er meinte: »Tja, es kann leider nicht jedes Jahr einen Nino de Angelo im Container geben.« Meinen Facebook-Account löschte ich danach trotzdem wieder. Es gibt nicht viele, die das gemacht hätten mit 50 000 Followern im Anhang. Aber es gibt leider genug Idioten, die im Schutz der Anonymität des Internets dir alle möglichen Beleidigungen und menschenverachtenden Kommentare an den Kopf werfen. Ich bekam eine Menge davon ab. Ganz ehrlich, das muss ich mir nicht antun.

Ich denke noch sehr oft und mit gemischten Gefühlen an diese »Knast«-Erfahrung zurück. Vor allem ein Erlebnis beschert mir noch heute ein Gänsehautgefühl. Wie bei »Big Brother« üblich, werden die Kandidaten eines Tages mit einer Videobotschaft von ihren Liebsten überrascht. Meine kam von meiner vierten Ex-Frau. Ganz egal, was damals zwischen ihr und mir gewesen ist (und mehr werde ich, wie angekündigt, nicht preisgeben), ihr Video rührte mich zu Tränen. Dass in meiner vierten Ehe nicht alles rund lief, war kein Geheimnis. Das stand gefühlt in jeder Zeitung. Aber bei diesem Video dachte ich wirklich: »Oh Mann, das ist die Liebe für immer.« Ich habe seit jeher an die ewige Liebe geglaubt, obwohl ich insgesamt viermal eines Besseren belehrt wurde. Wenngleich ich diesen Moment nie vergessen werde.

Ein weiterer Lichtblick in dieser Zeit war für mich die Begegnung mit Menowin Fröhlich. Ich kannte ihn vor »Big Brother« nicht persönlich, wusste über ihn nur das, was in der Zeitung stand. Natürlich kannte ich die Geschichten über ihn. Dass er bei »Deutschland sucht den Superstar« als Favorit rausflog, weil er Scheiße gebaut hatte. Dass er wegen Körperverletzung und Betrug im Gefängnis saß. Aber eben auch, dass er eine begnadete

Stimme hat. Menowin ist bekannt wie ein bunter Hund. Unsere Showbranche ist winzig, da kennt irgendwie jeder jeden um drei Ecken. Aber trotzdem: Was wäre ich für ein Mensch, wenn ich mir durch reines Hörensagen ein Bild von jemandem mache, mit dem ich noch nie ein Wort gewechselt habe? Viele Menschen glauben zu wissen, wie ich ticke und erlauben sich ein Urteil über mich, nur weil sie mich mal auf der Bühne erlebt haben oder eben bei »Big Brother«. Das hasse ich wie die Pest. Zwischen Menowin und mir stimmte die Chemie von Anfang an. Bei ihm hatte ich ein bisschen das Gefühl, auf mein jüngeres Ich zu treffen, das kam mir alles so bekannt vor. Die Parallelen zwischen uns beiden sind wahrlich nicht von der Hand zu weisen. Menowin ist ein Mensch, der sehr viele Probleme mit sich und seinem Dasein hat. Er ist ein leidenschaftlicher Musiker mit dem Herzen auf dem richtigen Fleck und er hat dieses gewisse Etwas, bei dem ich denke: »Mensch, der könnte viel mehr aus seinem Leben machen. Der bringt alles mit, um als Superstar durchzustarten.« Aber er steht sich – genau wie ich – oft selbst am meisten im Weg und er folgt häufig nicht den Regeln der Gesellschaft. Das hat mir oft das Genick gebrochen und das wird ihm immer wieder das Genick brechen. Wir haben heute noch sporadisch Kontakt und telefonieren ab und an. Ich wünsche ihm und seiner Großfamilie nur das Beste. Er hat es verdient.

Ein Wort noch zu David Odonkor. Ihn hatte ich vor der Show gar nicht auf dem Schirm. Nur weil der irgendwann mal eine Flanke geschossen hat, die zu irgendeinem Tor bei irgendeiner Weltmeisterschaft führte, muss man ja nicht gleich Fan werden. Ich kannte ihn schlicht nicht und hatte den Namen zuvor nie gehört. Aber der erste Eindruck bestätigte sich nicht. Im Gegensatz zu Menowin, den du – wenn du ihn mal kennenlernst – in dein Herz schließen musst, hat sich David im Laufe der Zeit mehr und mehr fiese Fouls geleistet, um es mal mit einer Fußballmetapher auszudrücken. Ich fand ihn am Anfang super sympathisch. Das sagte ich ihm auch: »Hey, David, irgendwie mag ich dich.« David hat mich an meinen Cousin in Italien erinnert, ebenfalls ein lieber Kerl mit großen, treuen Mandelaugen.

Vielleicht war ich deshalb so enttäuscht von ihm, weil ich in ihm mehr sah. Er war einfach nicht geradeaus, sondern kam mit so fiesen Psychospielchen um die Ecke. Vorneherum machte er einen auf Best Friend, hintenherum nominierte er mich wiederholt zum Rausfliegen. Das war für mich Hochverrat. Es ging mir dabei gar nicht um den Sieg. Ich hatte von Anfang an gesagt, dass ich sowohl Menowin als auch David den 1. Platz gönne, und hey, es war ein Spiel. Es kann nur einer gewinnen. Nur, wie du dir eben diesen Pokal holst, das ist eine Frage der Moral. Mit Fairplay hatte das bei David nichts zu tun. Dazu passte auch die letzte Aussage von David. Er meinte, er würde bei »Big Brother« jederzeit wieder mitmachen, aber ohne Nino de Angelo und ohne Menowin – das sei die Grundvoraussetzung. Da muss ich echt sagen: »Fuck you, David Odonkor. Ich habe Respekt gehabt vor dir als Mensch und nicht, weil du mal eine Flanke geschossen hast. Aber diesen Respekt hast du verloren.«

So, und nun ist Schluss mit Nachtreten. Ich meine, wer bitte ist David Odonkor? Ich war Abendessen mit Diego Maradona.

TIPP 7

Diesen einen Ratschlag, wie man raus aus dem Schatten und zurück ins Rampenlicht tritt, den gibt es nicht. Und wenn, dann kenne ich ihn selbst nicht, aber hey, ich bin offen für jede Anregung. Es gibt nicht nur im Showbiz viel zu wenig echte Typen mit Ecken und Kanten, nur noch diese weichgespülten Harmonie-Schluffis, die sich nicht mal trauen, ihre Meinung zu sagen. Die ihr ganzes Leben auf Instagram mit Filtern und Photoshop verschönern, nur um besser dazustehen. Was soll das bringen?

Zeigt euch doch einmal so, wie ihr wirklich seid. Traut euch, echt zu sein. Und nehmt euch bloß nicht so wichtig. Das ist niemand. Und wenn ihr das Bedürfnis habt, wegen eines verstorbenen Papiertüten-Kumpels zu heulen … feel free! Hauptsache, ihr steht dazu. Jeder sollte sich im Leben mal ordentlich blamieren und schauen, wie er aus der Nummer wieder rauskommt. Wer das schafft, hat Größe bewiesen. Und wenn dafür jemand kein Verständnis hat, dann hat er schlicht keine Ahnung. Dann soll der sein Leben leben, wie er meint. Ich lebe meines, wie ich meine.

KAPITEL 8

FREUNDE, DIE DIR AUS DER SCHEISSE HELFEN

EIN LETZTES LIED FÜR UCKI

Ich gebe für einen Freund wirklich alles. Das habe ich auch schon mehrmals getan und bewiesen in meinem Leben. Dass ich, wenn ich wirklich jemanden ganz fest in mein Herz geschlossen habe und ich das Gefühl habe, diese Liebe auch zurückzubekommen, dann bereit bin, für diesen Menschen alles zu tun. Okay, fast alles. Wenn mich mein bester Kumpel bitten würde, seine Frau zu vögeln, dann würde ich es ablehnen. Dann würde ich ihn fragen, ob er nicht mehr alle Tassen im Schrank hat. Aber abgesehen von dieser einen Einschränkung, gibt es keine Einschränkung.

Freundschaft bedeutet für mich absolute Loyalität. Sonst ist es keine Freundschaft, sondern eine Bekanntschaft. Die meisten benutzen das Wort Freund viel zu inflationär, es wird zu oft missbraucht. Ein Freund hat für mich denselben hohen Stellenwert wie ein Ehepartner – das ist viel mehr als nur ein Kumpel, mit dem du ab und zu mal einen saufen gehst. Ich habe für diesen Glauben an die echte Freundschaft auf meinem Brustbein folgendes Tattoo verewigt: »Semper fidelis«, das bedeutet: immer treu. Es ist das Motto der United States Marines Corps und besagt, seinen Kameraden im Krieg niemals im Stich zu lassen. So wie ich im echten Leben einen Freund niemals im Stich lasse.

»Semper fi« heißt für mich aber auch, dass ich mir selbst treu bleibe. Mir und meinen Wertvorstellungen. Bei vielen Menschen hört beispielsweise bei Geld die Freundschaft auf – bei mir nicht. Bei mir fängt sie da erst an. Für einen Freund gebe ich mein letztes Hemd und ich erwarte von ihm dasselbe.

Ein solcher Freund war Ucki. War, weil er am 7. Juni 2020 gestorben ist. Er hat's hinter sich gebracht, dieser Mistkerl, und er lässt mich einfach zurück. Ich war mein Leben lang davon überzeugt, dass er mich überlebt, dass er es sein wird, der auf meiner Beerdigung eine Rede hält und ein kühles Kölsch auf mein Wohl trinkt. Nun bin ich es, der lebt. Das ist so beschissen. Es ist beschissen, dass es immer die Guten sind, die früher gehen müssen.

Ucki hieß mit vollem Namen Günter Uckermann. Er war Spediteur und Unternehmer, dazu ein Vollblutfan des FC Köln. Eine Seele von Mensch. Jeder in Köln kannte ihn. Ucki und ich waren unser Leben lang unzertrennlich, wir waren best buddies, seit ich 15 bin. Damals hieß ich noch Domenico, damals war »Nino« nur mein Spitzname, nicht mein Künstlername. Vielleicht war unsere Freundschaft deshalb so eng, weil sie begann, als wir beide noch halbe Kinder waren und wir keine Ahnung von Ruhm und Reichtum hatten. Ucki war auch dabei, als ich meine ersten Aufritte in der »Taste« hatte, der Pianobar in den Kölner Ringen. Ucki stellte sich dann meist neben die Bühne, lässig an die Wand gelehnt, und feuerte mich lauthals an. Er war mein größter Fan. Und ich seiner, vor allem wegen seiner Großzügigkeit. Ucki hatte schon damals richtig gut Kohle verdient, der trug die teuersten Klamotten, solche Markensachen für Tausende von Mark. Ich dagegen war ein armer Schlucker, der sich abends nicht mal eine Cola leisten konnte. Ucki hatte da nie ein Ding draus gemacht, er gab mir sogar seine Jacke, wenn ich auf die Bühne ging. So eine Designerjacke aus Waschleder um die 2000 Mark. Er sagte: »Nino, zieh die Jacke an, dann siehste richtig geil aus!« Bei Ucki wusste ich seit jeher, dass er mich um meiner selbst willen mag, nicht weil ich als Sänger im Rampenlicht stehe. Ich betone das deshalb, weil echte Freundschaften im Showbusiness fast unmöglich sind, dazu ist dieses Haifischbecken der Gesellschaft zu verlogen. Darum war mir diese Verbindung zwischen uns mit das Wichtigste auf der Welt. Ucki musste in all den Jahren ganz schön was mitmachen mit mir, ich übrigens umgekehrt auch mit ihm. Wir haben uns gegenseitig aus jeder Scheiße rausgezogen und haben uns bedingungslos zur Seite gestanden, egal, ob wir im Recht waren oder nicht. So funktioniert Freundschaft. Du fragst nicht, was der andere getan hat, sondern du bist da, wenn er dich braucht. Erst danach werden Fragen gestellt. Dass ich Ucki später zum Patenonkel meines Sohns machte, stand außer Frage. Er gehörte zur Familie.

Ucki und ich – ja, wir waren schon 'ne Nummer. Für uns war es Tradition, dass wir jedes Jahr zum Formel-1-Grand-Prix nach Monte Carlo gefahren sind. Das hatten wir so zehn Jahre lang hintereinander gemacht. Es war ein Männerurlaub, wie man ihn sich vorstellt. Wir haben es so dermaßen krachen lassen, gesoffen, gefeiert und halb Monaco auf den Kopf gestellt. Ich weiß noch, wie wir eines Abends mal wieder im »Living Room« aufgeschlagen sind, das war so eine exklusive Pianobar mit Live-Musik für die Reichen und Schönen der Côte d'Azur. Schummriges Licht, viele dunkle, gemütliche Ecken und ein schwarzer Flügel, der in der Ecke thronte. Dieser Laden hatte wirklich Stil. Das »Living Room« war auch bekannt für seine hochkarätigen Gäste. Jeder, der Geld und was zu sagen hatte, war hier Stammgast. Dieser

Club war eine Luxusversion der »Taste«, vielleicht fühlte ich mich deshalb dort so wohl. An diesem besagten Abend, Ucki ich hatten schon mächtig einen getankt, sind wir eben im »Living Room« gelandet. Und wer saß da am Nachbartisch: Joan Collins. Ich kannte sie, wie die meisten, nur aus dem Fernsehen. Sie war das »Denver Clan«-Biest und eine enge Freundin von Fürst Albert. Eine unfassbar tolle Frau mit einer magischen Ausstrahlung. Ich habe keine Ahnung, ob sie uns zwei besoffenen Affen am Nebentisch überhaupt wahrgenommen hatte, zumindest verzog sie trotz unserer Albernheiten keine Miene. Ich so: »Ucki, das ist Joan Collins.« Er dann: »Nino, du musst auf die Bühne, du musst singen. Das wird sie umhauen.« Ucki ließ nicht locker, er bequatschte mich so lange, bis ich mich tatsächlich auf dem Weg zum Pianisten machte. Ucki war sich todsicher, dass sich Joan Collins sofort in mich verlieben und nach Amerika mitnehmen würde. »Das ist dein Ticket nach Hollywood, Nino«, sagte Ucki, »also geh jetzt da hoch und sing dir deine verdammte Seele aus dem Leib.« Mir ist bis heute ein Rätsel, wie ich den Pianisten überzeugen konnte, mich singen zu lassen. Er hatte ja keine Ahnung, wer ich bin und was ich kann, dazu saß im Publikum ein Mix aus Hollywood und Hofstaat. Dazu war ich ziemlich angebimmelt. Als Lied wählte ich Uckis Lieblingssong, den Frank-Sinatra-Klassiker »My Way«. Kaum hatte ich die ersten Töne gesungen, wurde es still im Club. Sämtliche Gespräche verstummten, alle schauten nur begeistert zu mir auf die Bühne. Es hätte besser nicht laufen können. Ich bilde mir sogar ein, dass mir Joan Collins zugelächelt hat. Zumindest bekam sie daraufhin richtig was zu lachen. Denn so gegen Ende des Liedes, als ich noch mal richtig Gas geben wollte, stolperte ich vor lauter Übermut erst über das Mikrofonkabel und schließlich von der Bühne.

Rumms, da lag ich wie so ein Maikäfer zappelnd auf dem Parkett. Tja, das war's dann mit Joan Collins. Ucki und mir war das aber egal, wir sahen uns an und bekamen einen Lachanfall. Wir konnten nicht mehr aufhören zu lachen. Es zwar zu komisch. Vor allem, als ich dann wieder aufstand, das abgerissene Mikrofonkabel in den Händen hielt und das entsetzte Gesicht des Pianisten sah. Da wollten wir einen auf dicken Macker machen und ich falle besoffen von der Bühne.

Ich muss heute noch lachen, wenn ich an all die Geschichten mit Ucki denke. Noch lustiger ist diese Anekdote, ebenfalls während einer unserer Männertrips nach Monaco. Das war irgendwann zwischen 1984 und 1990. Ucki schwärmte damals ständig von einem ganz besonderen Restaurant, dem »Le Pirate« in Menton. Das ist ein Ort westlich von Monte Carlo, kurz vor der italienischen Grenze. Das Lokal gibt es heute noch, allerdings mit einem anderen Besitzer. Damals war es DER Geheimtipp schlechthin. Weltstars wie Romy Schneider, Curd Jürgens und Gunter Sachs haben dort gegessen. Ucki wollte ebenfalls unbedingt dorthin und er musste uns nicht lange überreden, denn die Geschichten, die wir über das »Le Pirate« erfuhren, waren legendär. Angeblich war es dort Brauch, dass du nach dem Essen die Teller durch die Gegend schleuderst. Da gäbe es zudem so ein Riesenfeuer mitten im Laden, in das du deine Stühle reinwerfen kannst. Das klang so abgefahren, dass wir uns einig waren: »Da müssen wir hin!« Also sind wir gemeinsam mit zwei weiteren Kumpels nach Menton gefahren, standardgemäß im Rolls-Royce. Einer dieser beiden Jungs besaß diesen britischen Klassiker. Das war unser Glück – und unsere Eintrittskarte. Denn im »Le Pirate« herrschte Valet-Parking. Das bedeutet, es gab einen Parkservice direkt vor dem

Eingang. Und hier wurde erst einmal kräftig aussortiert, um im Nachhinein böse Überraschungen zu vermeiden. Wer also mit einem alten Toyota ankam, wurde direkt wieder weggeschickt. Teure Autos bedeuten schließlich Geld. Und Geld hast du in diesem Laden gebraucht. Mit 300 Mark kamst du nicht weit.

Tatsächlich waren wir mit unserem Rolls-Royce in bester Gesellschaft. Auf dem Parkplatz standen nur die edelsten Schlitten von Ferrari über Bentley bis Porsche. Drinnen ging der Luxus weiter. Als Erstes wurde Champagner gebracht. Roederer Cristal und Dom Pérignon. Der Kellner köpfte dabei den Schampus gekonnt mit einem Säbel. Im »Le Pirate« gab es alles, was du wolltest. Und davon nur das Allerfeinste. Nur eine Sache fehlte und das sollte sich später als fatal herausstellen: Es gab weder eine Speisekarte noch eine Preisliste. Nur jede Menge überfreundliches Personal, dass dir jeden Wunsch von den Lippen las. Da saßen wir vier Kölner nun mittendrin in der High Society und fühlten uns zwischen all den stinkreichen Leuten einfach großartig. Schließlich passierte das, wonach wir uns den ganzen Abend sehnten. Die Leute vom Nachbartisch nahmen nach dem Essen auf einmal ihr gesamtes Geschirr, Teller und Gläser, und schmetterten es lachend zu Boden. Einer nahm seinen Stuhl und schmiss ihn in das Feuer in der Ecke – kein Scherz. Das war so krass. Alle im Lokal haben gejohlt und applaudiert. Wer seinen Tisch erfolgreich »abräumte«, durfte anschließend auf selbigem tanzen. Dazu gab's vom Personal neuen Champagner. Kaum hatte der Säbel-Mann mit dem Schampus seinen Job erledigt, war der nächste Tisch dran: Teller runter, Stühle ins Feuer, begleitet wieder unter lautem Getöse aller Anwesenden. Als wir schließlich mit dem letzten Menügang durch waren, saßen wir grinsend am Tisch, nickten uns entschlossen zu und zeigten, dass auch vier Kölner

Jungs so richtig Gas geben können. Die Teller landeten im hohen Bogen an der Wand, die Stühle im Feuer. Das war wie ein Kindergeburtstag für Erwachsene. Was uns danach erst auffiel: Auch das Personal klatschte freudig Applaus und feuerte die Gäste sogar lautstark an. Ich so: »Hey Ucki, warum applaudieren die denn auch?«

Die Antwort gab's dann in Form einer kleinen goldenen Schatulle mit der Rechnung drin. Noch bevor ich Rechnung las, tönte ich: »Jungs, den Abend übernehme ich.« Ucki wiegelte sofort ab und meinte: »Ne, ne, Junge. Lass mal. Gib mal dem Papa die Rechnung.« Ucki war immer auf Kölsch »der Ahl«. Als er die Rechnung las, stürzte ihm mal kurz die Kinnlade ab. Der war kreidebleich um die Nase, als er uns die Zeche zeigte. Der Spaß hatte uns 15 000 Mark gekostet. 15 000 Mark für ein Abendessen zu viert. Alles ließen die sich in dem Laden vergolden, jeder Teller, jedes Glas, jeder Stuhl. Überschlagen auf die Gäste machte das »Le Pirate« 'ne halbe Million Umsatz pro Abend. Klar, dass die sich täglich eine neue Einrichtung leisten konnten und bei jedem zerbrochenen Teller einen Freudentanz aufführten. Einer wie Gunter Sachs zahlte so etwas aus der Portokasse. Doch für uns war das schon grob, obwohl keiner von uns vier am Hungertuch nagte. Wir haben die Rechnung schließlich brüderlich durch vier geteilt. Na ja, wer mit den großen Pinkeln will, der muss das Bein richtig hoch halten können.

Wir waren danach nie wieder beim Piraten.

Eine kleine Monte-Carlo-Anekdote muss ich noch erzählen. Es gab da so einen Szeneclub, in dem nur die absolute High Society verkehrte. Der Club gehörte der Frau von Tennislegende Björn Borg, keine Ahnung mehr, wie dieser Schuppen hieß. Ich weiß nur noch, wie verdammt schwierig es war, überhaupt reinzukommen. Ucki und ich hatten es schon ein paar Mal vergeblich versucht. Dieses Mal waren wir mit ein paar französischen Kumpels von Ucki unterwegs, die sich in den Kopf gesetzt hatten, uns mit aller Macht in diesen Club zu bringen. Die hatten eine halbe Stunde mit den Türstehern am Eingang diskutiert. Immer wieder zeigten sie dabei überschwänglich auf mich und meinten: »Wisst ihr nicht, wer das ist? Nino de Angelo. ›La Valle dell'Eden‹, den Nummer-1-Hit. Ihr könnt den doch nicht draußen stehen lassen. Das ist ein Weltstar.« Es war schon nach Mitternacht und wir hatten mächtig einen in der Krone. Als wir da so standen und warteten, während die noch diskutierten, wurde mir komisch im Magen. Ich lehnte mich an die Wand und musste ständig aufstoßen. Je länger wir warteten, desto schlechter wurde mir. Auf einmal ging diese Tür auf, die Bodyguards hatten tatsächlich nachgegeben. Wir sind also rein und ich sah vor mir nur diese steile Treppe, die runter in den Club führte. Ich hielt mich kurz am Handlauf fest, musste wieder würgen … und kotzte diesen kompletten Eingangsbereich voll. Das spritzte aus mir raus wie aus einer Fontäne. Das muss man sich mal vorstellen: Jetzt hatten wir es endlich mal geschafft reinzukommen und ich kotzte die komplette Bude voll. Dass wir an diesem Abend dann doch nicht erwünscht waren, muss ich wohl nicht extra erwähnen. Wir haben diesen Club dann ebenso gemieden wie das »Le Pirate«. Zum Glück für uns gab es einen Haufen Lokale in Monaco.

Wie gesagt, Ucki musste so einiges mit mir durchmachen. Nicht nur in Monaco, sondern auch in Köln. Vor allem in Köln. Wie jeder waschechter Kölner war Ucki ein leidenschaftlicher FC-Fan. So eine Vereinsliebe wie die zum FC Köln habe ich woanders noch nie erlebt. Dieses Stadion war immer ausverkauft.

Ganz egal, ob erste oder zweite Bundesliga, ob die Bayern kamen oder Greuther Fürth. Ucki hatte selbstredend eine Dauerkarte für die VIP-Lounge. Er verpasste nie auch nur ein Spiel. Irgendwann meinte er: »Nino, du brauchst auch eine Dauerkarte«. Heute kostet so eine Karte je nach Loge um die 140 000 Euro, was sie damals gekostet hatte, weiß ich nicht mehr. Billig war sie auf jeden Fall nicht. Aber für Ucki war es eine Herzenspflicht, dass jeder seiner Freunde seinen FC anfeuerte.

Für einen Normalsterblichen war es so gut wie unmöglich, jemals an so eine Karte zu kommen. Die Warteliste war endlos. Aber Ucki kannte den Vorstand und besorgte mir tatsächlich eine Dauerkarte mit Sitzplatz auf der Ehrenloge. Eine Entscheidung, die er bereuen sollte. Ich war zwar nicht bei jedem Heimspiel dabei, aber wann immer ich Ucki ins Stadion begleitete, verlor der FC Köln. Jedes einzelne Mal. Kein Witz, ich sah den FC nicht einmal gewinnen. Ich nahm das Ganze mit Humor, Ucki weniger. Er fing an, mich deswegen zu beschimpfen: »Du Seuchenvogel. Jedes Mal, wenn du da bist, verlieren die. Bleib bloß weg«, motzte er. Irgendwann platzte Ucki dann der Kragen. An diesem Spieltag spielte der FC gegen den KSC, also gegen meine Geburtsstadt Karlsruhe. Was passierte? Richtig, der KSC schoss ein Tor und ich sprang jubelnd auf. In der Ehrenloge des FC Köln wohlgemerkt. Jeder Pass der Kölner wurde bejubelt, jede gegnerische Aktion ausgepfiffen. Ich habe diese Szene noch bildhaft vor mir. Alle saßen sie da mit ihren rot-weißen Schals und Pullis und überhaupt. Beim FC ist alles rot-weiß. Und dann ist da einer mittendrin, der lautstark für den Gegner jubelt. Alle saßen sie nach diesem Karlsruher Gegentreffer konsterniert in ihren Stühlen, nur der Nino stand und schrie »Tooor!«. Zu geil, oder?! Ich glaube, wenn Ucki nicht in der Nähe gewesen wäre, hätten die Kölner mich noch in der Loge gesteinigt. Mir war das hinterher auch wirklich peinlich. Ich entschuldigte mich sofort, duckte mich in den Stuhl und hielt den Rest des Spiels die Schnauze. Aber Ucki kannte trotzdem keine Gnade: Er nahm mir noch am selben Tag meine Dauerkarte ab und erklärte: »Du kommst mir nicht mehr ins Stadion!« Das war mein letzter Stadionbesuch beim FC. Der Ucki und sein geliebter, heiliger FC Köln. Was ein Fußball-Jeck. Streng genommen hätte ich diese Dauerkarte gar nicht abgeben müssen, es war ja meine. Aber ich tat es gerne für meinen Ucki. Und für den FC Köln.

Ach, Ucki … dass wir alle mal sterben müssen, wenn unsere Zeit gekommen ist, gehört zum Leben dazu. Aber nicht in diesem Fall. Uckis Tod ist deshalb so tragisch für mich, weil er unnötig und vermeidbar gewesen ist. Weil seine Zeit noch nicht gekommen war. Ucki war mit seinen Kölner Jungs auf eine Motorradtour in Richtung Brenner gestartet. Das war kein halsbrecherisches Vollgas-Rennen von irgendwelchen jungen Wilden, sondern eine gemütliche Bikertour. Ucki fuhr Vespa. Ich selbst war nicht dabei, aber als der Unfall passierte, fuhr er laut seinen Kumpels gerade mal 20 oder 25 Stundenkilometer schnell. Es war eine kurvige Strecke irgendwo am Bodensee. In einer Linkskurve kam Ucki aus unerklärlichen Gründen von der Straße ab und landete samt Roller in einem Feld. Polizei und Rettungswagen kamen, doch Ucki, der Sturkopf, schickte sie weg und nahm sich lieber ein Taxi ins Hotel. Er hatte schließlich nur eine kleine Wunde am Bein und wegen so eines Kratzers ließ sich ein Ucki weder den Urlaub noch die gute Laune versauen. Doch diese kleine Wunde hörte wohl nicht auf zu bluten. Ucki hatte eine Sepsis, eine verdammte Blutvergiftung, die mit Antibiotika einfach zu behandeln ist – wenn er zum Arzt gegangen wäre. Als seine Kumpels dann doch den Notarzt riefen, war es zu spät. Im Krankenhaus erlitt Ucki einen septischen Schock. Die Ärzte versetzten ihn in ein künstliches Koma, aus dem er nicht mehr erwachte. Sonntags um 16 Uhr starb er. Ich kann es noch nicht begreifen: Ich überlebe einen Monstercrash, den Krebs und eine Herz-OP, und er verpisst sich in den Himmel wegen eines Kratzers. Das Leben ist nicht fair.

Mit Uckis Tod brach für mich eine Welt zusammen. Er war neben meinen beiden Kindern die Konstante in meinem Leben. Als ich von seinem Tod erfuhr, lag er noch im Krankenhaus im Allgäu. Er sah so friedlich aus, als ob er schlafen würde. Ich wusste sofort, was zu tun war: Ich würde Ucki nach Hause bringen. Zurück nach Köln, in seine Heimat, die er so geliebt hat. Ich telefonierte mit dem Bestatter und setzte mich für den Rücktransport zu Ucki in den Leichenwagen. Die ganzen 600 Kilometer. Ich sagte zu ihm: »Keine Sorge, Ucki, ich lasse dich jetzt nicht alleine zurückfahren. Ich bringe dich nach Hause.« Das war der letzte Freundschaftsdienst, den ich ihm erweisen konnte. Am 7. Juli 2020 wurde Ucki auf dem Kölner Südfriedhof beerdigt. Mehr als 500 Weggefährten kamen, um Abschied zu nehmen. Auch viele vom FC Köln. Es war eine bewegende Feier. Ich hatte mir fest vorgenommen, für ihn zu singen, trotz meiner Atemprobleme durch die COPD. Also sang ich für ihn. Ich entschied mich selbstredend für seinen Lieblingssong »My Way«. Ich trug zwar eine dunkle Sonnenbrille, aber ich schäme mich nicht für eine einzige Träne.

»My Way« sollte aber nicht der letzte Song bleiben, den ich Ucki vorgesungen habe.

Als ich die Nachricht von seinem Tod hörte, saß ich mitten in der Produktion meines neuen Albums. Eines der Lieder habe ich

Ucki gewidmet – es heißt »Colonia«. Ich hatte ihm noch vor seinem Unfall den Song geschickt, als dieser in einem ganz roughen Stadium war, also noch nicht fertig produziert. Aber ich war stolz auf mich, dass ich diesen Text endlich fertig geschrieben hatte. Die Musik dazu komponierte ich schon vor über 20 Jahren. Ich hatte allerdings bisher nur die Melodie und diesen Refrain: »Colonia, ich liebe dich. Ich habe dich so vermisst. Colonia, das weißt du doch, dass du die Beste für mich bist.« Dass ich nach 20 Jahren an diesem Lied saß, daran war Corona Schuld. Ich saß ja hier durch den ersten Lockdown in meinem Studio fest und war gezwungen, mich mit mir selbst zu beschäftigen. Also begann ich, zu komponieren und zu schreiben. In dieser Zeit fiel mir wieder die Melodie von »Colonia« ein und ich beschloss, diesen Song endlich zu Ende zu bringen. Entweder jetzt oder nie. »Colonia« ist ein Liebeslied an Köln, eine Hommage an meine Heimatstadt. Ich kenne dort jeden Pflasterstein. Ich glaube, ich weiß sogar, wie der Asphalt schmeckt. Ich habe Köln kennengelernt, als es noch Köln war, vor der ganzen Touri-Kacke. Ich habe hier am Rhein meinen Aufstieg und meinen Abstieg gehabt, das verbindet. Köln ist mehr als nur eine Stadt für mich. Deswegen auch die Songzeilen »Was ich bin, verdank ich dir. All das Glück und auch die Tränen.« Und am Anfang singe ich: »Du bist so geil, das muss ich dir gestehen, wollte ich dich auch oft nie wiedersehen.« Die Zeit in Köln symbolisiert mein Leben. Hier wurde ich verflucht durch die Drogenszene. Hier wurde ich gesegnet durch meine Familie. Meine Mutter lebt hier, sie ist über 80 und alte Bäume soll man ja bekanntlich nicht umpflanzen. Meine Kinder leben hier.

Köln steht aber auch für meine Freunde, allen voran für Ucki.

Mit Ucki hatte ich in diesen Wochen ziemlich viel telefoniert, ich wollte seine Meinung wissen. Er war ja der Köln-Kenner von uns. Ich weiß gar nicht mehr, wie oft ich ihm in den Hörer gesungen hatte. Ucki meinte nur: »Oh mi Jung, vermisst de Köln so sehr?« Und ich sagte: »Ja, insbesondere dich!« Es kann doch kein Zufall sein, dass genau in dieser Zeit, in der ich nach 20 Jahren ein Lied über Köln und meine Freundschaft zu Ucki schreibe, dass er ausgerechnet dann stirbt. Der Song »Colonia« ist Teil meines neuen Albums. Am Ende des Songs habe ich jetzt eine Widmung für ihn gesungen: »Dat is' für dich, Ucki. Miene Beste. Friends forever.« Nennt mich bescheuert oder albern, aber ich habe Ucki den fertigen Song sogar auf sein Handy geschickt. Obwohl er längst gestorben ist. Aber vielleicht kann er seine Mailbox da oben im Himmel abrufen. So bin ich, manchmal wie ein kleines Kind.

Mein bester Freund lebt nicht mehr. Seinen allerletzten Ratschlag versuche ich dennoch zu beherzigen. Wie viele Standpauken mir Ucki im Laufe unserer Freundschaft gehalten hat, kann ich gar nicht mehr sagen, das waren zu viele. Er wollte mich immer beschützen und mich darum am liebsten um sich haben. Das war so, als ich nach Hamburg zog. »Wat wells de bei d'r Fischköpp?«, fragte er in breitestem Kölsch. Das war so, als ich nach Mallorca ging. »Ballermann, is dat jood überlegt?« Ucki sagte immer: »Nino, kumm noh hus«, komm nach Hause. Erst als ich ihm meine jetzige Lebensgefährtin vorstellte und ihn zu uns ins Allgäu einlud, wollte er mich nicht mehr zur Heimkehr überreden. Er merkte, dass ich hier glücklich war, dass ich hier angekommen war. Bei Uckis letztem Besuch nahm er mich vor seiner Rückfahrt in den Arm und gab mir besagten letzten Ratschlag: »Versau dir das nicht. Das ist eine tolle Frau, also bau dieses Mal bitte keinen Mist.«

Ucki war ein Freund, der immer nur mein Bestes wollte. Die meisten anderen wollten immer nur mein Geld.

In der Not erkennst du deine Freunde, ein weiser Spruch. Doch solange es dir gut geht, hast du keine Ahnung, wer zu dir hält, wenn es mal hart auf hart kommt. Und mir ging es sehr lange sehr gut. Wenn du Geld hast und dazu in der Öffentlichkeit stehst, kannst du dich vor »Freunden« kaum retten. Dabei sollst du nur als Goldesel herhalten. Das habe ich so oft erlebt. Ständig wurde ich angepumpt oder sollte hier und da meine Kontakte spielen lassen. »Jetzt mach doch mal«, hieß es. Oder: »Du kannst es dir doch leisten«. Und wehe, du sagst mal nein, dann wirst du als arroganter Geizhals beschimpft. Die eigene Verwandtschaft ist mit am schlimmsten. Die hatten sich davor einen Scheiß um mich gekümmert und dann kamen sie plötzlich an wie die Ratten aus den Löchern, und wollten alle ein Stück vom Käse. Ich habe in meinem Leben so viel Geld verliehen, und es nie zurückbekommen. Die haben nicht mal drangedacht, es mir wieder zurückzuzahlen. Selbst dann, als sie es sich finanziell leisten konnten. Ich habe mich nie über Geld definiert. Geld ist dafür da, um ausgegeben zu werden. Und für mich war es selbstverständlich, meiner Familie und Freunden unter die Arme zu greifen. Ich habe auch gelernt, Geld besser zu verschenken anstatt es zu verleihen. Ein echter Freund gibt es dir irgendwann sowieso zurück, weil Freunde sich nicht gegenseitig übervorteilen. Eines möchte ich betonen: Mein Vermögen zu teilen, war für mich stets eine Herzenssache. Das bereue ich nicht. Ich bereue nur, dass ich so naiv war zu glauben, dass dieser Geldhahn in beide Richtungen funktioniert. Als ich nämlich pleite war, hielt ich meine Hand vergebens auf. Sie blieb leer.

Mein finanzieller Absturz begann nach »Jenseits von Eden«. Nach diesem Millionenvertrag ging es nur noch bergab. »Jenseits von Eden« hatte mich über Nacht zum Multimillionär gemacht. Es waren 2,5 Millionen Mark, aus denen ganz schnell fünf Millionen wurden. Ich war an der Spitze angekommen. Ich war reich. Aber auch reich an falschen Freunden und Beratern, die mir das Geld sukzessive aus der Tasche zogen. Natürlich bin ich nicht ganz unschuldig daran, dass mein Vermögen nach ein paar Jahren futsch war. Erstens vertraute ich blind den falschen Menschen. Zweitens, und dazu stehe ich, warf ich das Geld zum Teil mit vollen Händen aus dem Fenster. Aber sag du mal einem 20-Jährigen, der plötzlich Millionen auf dem Konto hat, dass er doch bitte als Erstes an seine Rente denken soll. Ich war damals 22, als ich das erste Mal geheiratet habe. Ich kannte meine erste Frau, seit ich 17 war. Damals war ich noch ein kleiner Fisch mit großen Plänen. Ich wollte meiner Frau ein Heim bieten, in dem wir uns geborgen fühlen können, ein Heim, um eine Familie zu gründen. Genau das tat ich dann. Nach dem Millionenvertrag ließ ich uns in Köln eine fette Villa bauen, einen exklusiven Prachtbau, H-förmig. Mein damaliger Schwiegervater war Architekt und half bei der Planung mit. Das Haus hatte stolze 250 Quadratmeter Wohnfläche. In der Wohnhalle, die mit weißem Carrara-Marmor ausgelegt war, stand mein schwarzer Flügel. Überhaupt war alles hier in Weiß und Schwarz. Die beiden Zweisitzer-Sofas im Wohnzimmer waren schwarz, der Kamin glänzte in weißem Marmor, nur auf der Hausbar stand ein silberfarbener Champagner-Kübel. Neben Schlaf-, Bade- und Kinderzimmern gab es noch mein Arbeitszimmer. Dort stand meine Mini-Rennwagen-Sammlung im Regal und all meine Preise für »Jenseits von Eden«. Auch jede Menge Fangeschenke und ein Zahnrad aus einem

Formel-3-Renner. Ich bekam damals tatsächlich die Möglichkeit, eine Runde in einem Formel-3-Wagen zu drehen, aber ich hatte mich beim Beschleunigen verschaltet und statt des fünften Gangs den dritten eingelegt. Im Vollspeed. Das hatte das Getriebe gekillt. So war ich also im Besitz eines Zahnrads ohne Zähne, auch ein typischer Nino. Das Haus allein hatte mich eine Million Mark gekostet. Dazu hatten wir einen verdammt hohen Lebensstandard. Meiner Frau und meinen Kindern fehlte es an nichts – zumindest nicht an materiellen Dingen. Ich kann mich daran erinnern, dass wir Fixkosten von 30 000 Mark im Monat hatten. Das musst du erst mal verdienen. Dazu kommt, dass zwar alle über die 2,5 Millionen sprechen, aber vergessen, dass ich meine Alben logischerweise versteuern musste. Ich mag viel Scheiße gebaut haben in der Vergangenheit, aber ich habe immer korrekt meine Steuern bezahlt. Da spricht der deutsche Gerhard in mir. Auch von den anderen knapp drei Millionen blieb abzüglich von Steuern nur noch die Hälfte übrig. Das Finanzamt hatte eine Abbuchungsvollmacht für die Vorsteuer, da klingelte jedes Mal die Finanzkasse.

Ein Teil des Geldes habe ich verlebt, verprasst, verschleudert. Nennt es, wie ihr es wollt. Koks ist eine teure Droge, und wir haben viel gefeiert und noch öfter ließen wir es schneien. Es war eine geile Zeit, keine Frage. Dass ich einen Teil des Geldes in teure Autos investierte, wurde mir zwar damals als Größenwahn vorgeworfen, aber im Nachhinein war es meine cleverste Investition. Meine Ferraris gewannen beim späteren Verkauf sogar an Wert, bei meinen Porsches hatte ich einen Verlust von zehn Prozent, aber dafür hatte ich damit meinen Spaß.

Leider war der Spaß früher zu Ende als erhofft. Dass ich nicht ewig auf der Erfolgswelle reiten konnte, war mir damals zwar bewusst, auch wenn du so etwas natürlich verdrängst, aber dass mein Fall so schnell gehen würde, nein, damit hatte ich nicht gerechnet. Nach meiner Single »Jenseits von Eden« und eben dem Millionenvertrag über drei Alben hätte sofort das »Jenseits von Eden«-Album erscheinen sollen, aber das wurde leider viel zu spät veröffentlicht. Es gab zwar noch Gold und das Album landete kurzzeitig auf Platz 2 der Charts, aber es blieb deutlich hinter den Erwartungen. Da wäre mehr drin gewesen, viel mehr. Dazu kam der Streit mit Drafi. Meine Plattenfirma hatte ihn wegen seiner Drogenexzesse auf dem Kicker. Was zum Kotzen war, denn er hatte für mich mit »Tief unter meiner Haut« einen weiteren Song geschrieben. Das wäre nach »Jenseits von Eden« die perfekte zweite Single-Auskopplung gewesen. Mit zwei solcher Hits wäre mein Album durch die Decke gegangen. Stattdessen lehnten meine Produzenten diesen Song ab und beschlossen, lieber alles selbst zu schreiben. Da durfte von außen keiner mehr ran. Das war eine reine Egonummer mit mir als Verlierer.

Die nächste Fehlentscheidung meines Managements brach mir endgültig das Genick. Weil »Jenseits von Eden« nicht nur in Deutschland, sondern in halb Europa auf Nummer eins war, wurde über meinen Kopf hinweg beschlossen, dass ich ab sofort auf Promotour ins Ausland müsse. Dabei hätte ich gerade jetzt in Deutschland bleiben sollen. In der Heimat war ich nicht nur gefragt – ich war dazu über Monate hinweg ausgebucht. Es gab bereits unzählige zugesagte Auftritte in Diskotheken und auf Festivals. Pro Konzert hätte ich um die 20 000 Mark bekommen, das wäre gigantisch geworden. Stattdessen herrschte dicke Luft bei den Veranstaltern. Es kam noch schlimmer, denn unser Booker pries mich eigenmächtig weiter an. Für ihn war das lukrativ, er sackte schließlich für jede Buchung satte 20 Prozent meiner

Gage ein, also jedes Mal 4000 Mark. Bis mir klar wurde, was da im Hintergrund und ohne mein Wissen passierte, war mein Ruf bereits völlig ruiniert. Ich überwarf mich daraufhin mit meinem Management, für die Presse ein gefundenes Fressen. Auf einmal hieß es: »Management verklagt Nino de Angelo« und »Booker verklagt Nino de Angelo«. Da dachte ich nur: Danke für nichts. Dass diese ganze Sache nicht meine Schuld war – ich konnte mich ja nicht vierteilen – war egal. Ich wurde mal wieder zum Sündenbock gemacht. Ich weiß zum Beispiel noch, wie angepisst die Jungs von der Diskothek in Bad Salzuflen waren, sie hatten für diese kurzfristige Absage überhaupt kein Verständnis. Es waren bereits Plakate gedruckt und Werbung gemacht worden. Die hatten richtig Geld in die Hand genommen. Vor lauter Wut über meine Absagen fing der DJ an diesem Abend an, demonstrativ meine Platten zu zerbrechen, und das alles vor johlendem Publikum. Das sprach sich herum wie ein Lauffeuer. Auf einmal wurde das wie so eine Art Running Gag. »Nino? Der kommt sowieso nicht!« Bei Veranstaltungen machten sich die Moderatoren einen Spaß und kündigten mich erst dem Publikum an, nur um dann später unter Gelächter zu sagen: »Ach, stimmt ja, der Nino kommt nie!« Das ging zum Schluss so weit, dass ich nicht einmal mehr Auftritte bekam. Keiner wollte mich mehr haben. Mein Image war völlig am Arsch. Mir gingen in den darauffolgenden Jahren Millionen flöten.

Dann kam auch noch die Bundeswehr um die Ecke. Ursprünglich wäre ich mit 19 eingezogen worden, aber das konnte ich zum Glück nach hinten verschieben. Mit 23 war es dann soweit: Ich musste zum Bund. Am 2. Januar 1986 wurde ich als Kanonier zum Wehrdienst nach Euskirchen eingezogen. Nicht falsch verstehen: Ich weiß, dass es meine Pflicht ist, als deutscher

Staatsbürger den Wehrdienst abzuleisten. Aber ich bin nicht für die Waffe geboren. Ich fühlte mich hier völlig fehl am Platz und wurde in dieser Zeit sogar psychisch krank, richtig depressiv. Ein Bundeswehr-Psychologe schrieb mich untauglich. Nach der Grundausbildung wurde ich zwar ehrenhaft entlassen, doch die Geschichte wurde publik und fügte mir den nächsten Imageschaden zu. Den K.-o.-Schlag, wenn man es so nennen mag. Von diesem Zeitpunkt an war endgültig der Wurm drin. Das zweite Album »Zeit für Rebellen« verkaufte sich plötzlich überhaupt nicht mehr. Das war ein Flop und führte dazu, dass ich mich von meinem damaligen Producer-Team trennen musste. Das tat mir zwar leid, und war nichts Persönliches, aber ich musste die Notbremse ziehen. Ich tat mich daraufhin mit Gunther Mende und Wolfgang Detmann, der sich Candy de Rouge nannte, zusammen. Die beiden standen als Producer hoch im Kurs, sie arbeiteten damals für Stars wie Jennifer Rush, Bonnie Bianco und Falco. Ich hatte mir unheimlich viel von dieser Zusammenarbeit versprochen. Doch auch das dritte Album aus dem 2,5-Millionen-Deal, »Ich suche nach Liebe«, entpuppte sich als Ladenhüter. Wie ging der Spruch von Dieter Bohlen noch mal: »Nino, du hast eine Stimme, so geil, aber du verkaufst keine Platten.« Image futsch, Karriere futsch. Ich weiß noch, wie frustriert ich damals war. Ich wollte mich mit dieser Situation nicht abfinden, dazu bin ich zu sehr ein Stehaufmännchen. Ein Jahr später, 1987, ballerte ich noch ein weiteres Album heraus, das hatte ich gemeinsam mit Harald Steinhauer produziert, der zu dieser Zeit mit Juliane Werding und »Stimmen im Wind« die Charts stürmte. Steinhauer war es auch, der Nickis Hits wie »Wenn i mit dir tanz« komponierte. Wieder hatte ich einen fähigen Mann an meiner Seite, wieder blieb der Erfolg aus. Das Album »Doch

Tränen wirst du niemals sehen« lief nicht schlecht, aber auch nicht gut.

Als mein Vertrag auslief, zog sich mein damaliger Manager zurück. Ich verzichte bewusst auf den Namen, aber jeder in der Branche weiß, von wem ich rede. Er hat zu dieser Zeit auch Peter Schilling und die Band »Trio« unter Vertrag gehabt. Bei mir, dem Goldesel, zwackte er sich munter seine 22,5 Prozent Provision ab. Von jeder Mark, die ich verdiente, steckte er fast 25 Pfennig ein. Da kann man schon ein bisschen Loyalität erwarten, wenn es mal eine Durststrecke gibt. Denkste! Kaum gab es bei mir kein Geld mehr zu holen, ließ er mich hängen. Es kam zwar weiterhin noch ein bisschen Geld rein, unter anderem durch den Grand Prix mit Dieter Bohlen und meine »Tabaluga«-Tour mit Peter Maffay, aber es genügte nicht, um die laufenden Kosten zu decken. 30 000 Mark monatliche Fixkosten müssen verdient werden. Dann kam der Krebs und die damit fehlenden Einnahmen fraßen das letzte bisschen Geld auf. Inzwischen hatten meine erste Frau und ich unsere Kölner Villa mehrfach beliehen, um finanziell über die Runden zu kommen. Geld war längst keines mehr da, nur noch Hypotheken und Schulden. Jede Menge Schulden. Wir lebten vom Eingemachten. Schließlich kam die Scheidung. Wir verkauften meine Autos und letztlich auch das Haus. Die Villa hatte glücklicherweise im Laufe der Jahre um fast 50 Prozent an Wert gewonnen. Das genügte nicht nur, um die Hypotheken abzulösen, es blieb sogar noch ein Batzen Geld übrig. Ich überließ alles meiner Frau und meinen beiden Kindern. Sie brauchte das Geld dringender als ich. Man kann mir wahrlich viel nachsagen, aber knausrig war ich nie. Mir hätte von Rechts wegen die Hälfte des Geldes aus dem Hausverkauf zugestanden, zumal ich nach der Scheidung noch Unterhalt für meine Kinder bezahlte, den Höchstsatz der Düsseldorfer Tabelle. Aber wie gesagt: Sie war die Mutter meiner Kinder. Ihr sollte es an nichts fehlen. Meinen Kindern sollte es an nichts fehlen. Ich würde schon irgendwie wieder auf die Beine kommen.

Das tat ich, aber der Weg dahin war hart. Nämlich über meine erste Privatinsolvenz. Der erste Schritt war der »OE«, also der Offenbarungseid. Mit dieser eidesstattlichen Versicherung beschwörst du, dass du momentan kein Geld mehr hast, um deine Schulden zu zahlen und es auch nicht absehbar ist, dass sich das in nächster Zeit ändert. Mit dem OE sagst du deinen Gläubigern, dass deine Taschen leer sind. Die Wahrheit ist, dass ich zu diesem Zeitpunkt nicht nur bei null war, sondern ich war im Minus – in einem dicken Minus. Genauer gesagt hatte ich 1,4 Millionen Euro Schulden. Ich konnte meine Miete für die Wohnung nicht mehr bezahlen, einige meiner Konten wurden bereits gepfändet. Obendrein kam noch eine Steuernachzahlung in Höhe von 180 000 Euro. Das Finanzamt wollte mir dieses Geld auch nicht stunden. Im Nachhinein war es eine Verkettung unglücklicher Umstände. Mein neuer Manager hätte sich um all das kümmern sollen, und das tat er auch. Bis er einen Schlaganfall bekam. Natürlich hätte er mir damals sagen müssen: »Hey, Nino, du musst dich beim Finanzamt melden.« Aber er hatte verständlicherweise ganz andere Sorgen. Also blieben die Anfragen des Finanzamts unbeantwortet, die gestellten Fristen unbeachtet. Ich bin überzeugt davon, dass wir mit dem Finanzamt hätten reden können, aber dafür hätte sich jemand darum kümmern müssen. Mein Manager konnte es nicht, und ich tat es nicht. Irgendwann hatten die vom Finanzamt logischerweise die Schnauze voll und dachten: »Jetzt schicken wir den de Angelo in die Insolvenz.«

Das war 2006. Und so landete ich in meiner ersten Privatinsolvenz. Das Finanzamt stellte für mich den Insolvenzantrag. Schöne Scheiße. Da war nichts mehr zu machen. Die wollten, dass ich in die Insolvenz gehe und so sollte es dann auch sein.

Sechs Jahre lang bist du in einer Privatinsolvenz. Mir wurde alles genommen. Zum Leben bleibt dir da nicht viel. In meiner damaligen Wohnung hatte ich weder Kühlschrank, Herd oder einen Schlafzimmerschrank. Ich musste meinen Insolvenzverwalter anbetteln, dass er mir wenigstens einen Bruchteil dessen gibt, was ich im Monat verdiene. Das hat mich schon sehr belastet. Ich stand diesen Mist vor allem dank meiner Freunde durch. Ucki griff mir in dieser Zeit finanziell unter die Arme. Er musste sechs Jahre auf sein Geld warten, aber als ich dann wieder flüssig war, konnte ich es ihm auf einen Schlag zurückbezahlen. Er fragte in diesen Jahren nicht einmal nach seinem Geld oder baute Druck auf. Er gab mir das Geld in dem Wissen, dass ich es ihm zurückgebe, sobald es mir möglich war.

Ich zog damals zu meiner inzwischen dritten Frau nach Mallorca, verkroch mich bei ihr. Zum Datum meiner Insolvenz waren wir nur befreundet, geheiratet wurde später. Sie meinte damals: »Nino, komm doch her und lass den ganzen Mist erst mal hinter dir!« Das verstehe ich unter Freundschaft. Wir kannten uns schon eine halbe Ewigkeit und wir waren Freunde. Es gab Jahre, da hatten wir so gut wie keinen Kontakt. Trotzdem wusste sie, dass ich da bin, wenn sie mich braucht. Umgekehrt genauso. 2006 war es soweit. Ich war geschieden, pleite, wusste nicht genau, wohin ich sollte. Es war eine Situation, in der du einen Freund brauchst. Und sie war dieser Freund. Heute sind wir geschieden, aber befreundet sind wir immer noch. Dass sie in dieser ersten Insolvenz für mich da war, werde ich ihr nie vergessen. 2006 war übrigens auch die Zeit gewesen, in der mein Körper begann, sich selbst zu bekämpfen. Das war wohl alles ein bisschen viel für mich gewesen. Die Autoimmunkrankheit war die Quittung.

Zehn Jahre nach dieser ersten Insolvenz folgte 2016 meine zweite Privatinsolvenz. Das war ein Jahr nach »Promi Big Brother«. Ich erwähne das deshalb, weil »Big Brother« indirekt Schuld an dieser Misere war, beziehungsweise meine große Klappe in diesem Container. Ich trage mein Herz bekanntlich auf der Zunge und bin es gewohnt, dass meine direkte Art ab und an für Ärger sorgt. In diesem Fall sorgte sie für juristischen Ärger. Ich hatte vor dieser Show gemeinsam mit einem Anwaltsbüro um die 25 Unterlassungsklagen am Laufen. Diese Klagen richteten sich gegen diverse Zeitungen, die unwahre Geschichten über mich verbreitet hatten. Ich wurde damals in der Presse als »Frauenschläger« und »Frauenschubser« angeprangert und genau dagegen bin ich mit meinen Anwälten vorgegangen. So weit, so gut. Ich war im Recht und wähnte mich dementsprechend auf der sicheren Seite. Doch dann kam »Promi Big Brother«, dazu der Frust über meine Mitbewohner und letztlich der Durst, um das Ganze zu überstehen. In dieser Show kamen auch meine Negativ-Schlagzeilen zur Sprache, ich ging drauf ein. Ich war in Schampus- und in Laberlaune und dachte schlicht nicht an die Konsequenzen. In einem schwebenden Verfahren herrscht nun mal Schweigepflicht. Genau das brach mir das Genick. Denn im juristischen Sinne hatte ich bei »Big Brother« eine sogenannte »Selbstöffnung«. Nach der Show mussten wir deswegen alle 25 Unterlassungsklagen wieder zurückziehen. Mein Anwaltsbüro meinte, dass wir keine Chance hätten, diese Klagen nach dieser Selbstöffnung durchzuboxen. Kein Richter dieser Welt würde jetzt noch zu meinen Gunsten entscheiden. Normalerweise ist es so, dass jede Unterlassungserklärung mit einer Geldstrafe gekoppelt ist. Ich hätte also 25 mal abkassiert. Jetzt saß ich nicht nur auf diesen unnützen Unterlassungen, sondern ebenso auf den Anwaltskosten in Höhe von 57 000 Euro. Meine Anwälte hatten mir trotz des Scheiterns die volle Summe berechnet. In dieser Zeit hatte ich nebenbei noch einen unschönen Streit mit einem Menschen, von dem ich dachte, dass wir uns freundschaftlich wohlgesonnen sind, um es mal so auszudrücken. Ein Typ mit Geld, das könnt ihr mir glauben. Ich hatte mir 50 000 Euro geliehen für eine Investition, die sich leider als riesige Luftblase entpuppte. Ich lieh mir das Geld in dem Wissen, dass er erstens Millionär und auf 50 000 Euro nicht angewiesen ist. Zweitens: Weil ich Hilfe brauchte, und der Meinung war, dass sich Freunde unterstützten. Sicherlich hätte mir auch Ucki das Geld geliehen, aber Ucki tat sowieso schon viel zu viel für mich, das wollte ich nicht ausnutzen. Zudem war es ein Geschäft unter Freunden, von dem wir beide hätten profitieren sollen. Pustekuchen. Bei diesem Debakel ging leider nicht nur sein Geld drauf, sondern auch all das, was ich zusätzlich auf der hohen Kante hatte. Es war so typisch. Statt mal ein paar Euros zu verdienen, musste ich wieder bluten. Es kam, wie es kommen sollte: Sie alle wollten plötzlich ihr Geld. Die Anwälte und mein sogenannter Kumpel. Meine Bitte, uns auf Ratenzahlung zu einigen, stieß auf taube Ohren. Auch sonst gab es keine Möglichkeit, sich vernünftig zu einigen. Dass ich gerade mein gesamtes Erspartes verloren hatte und das Geld nicht hatte, interessierte nicht. Im Gegenteil: Plötzlich wurde mir mit Pfändung gedroht. Das empfand ich als eine solche Sauerei, man hätte sich wahrlich anders einigen können, vor allem unter Leuten, die einst behaupteten, an deiner Seite zu stehen. Also zog ich die Reißleine. Ich wollte mich mit dieser zweiten Insolvenz gar nicht vor meinen Schulden drücken.

Ich will und werde meine Schulden begleichen, das ist für mich Ehrensache. Abgesehen davon gibt es bei einer zweiten Insolvenz innerhalb von zehn Jahren sowieso keine Restschuldbefreiung. Aber diese zweite Privatinsolvenz ist die einzige Möglichkeit, trotz der Schulden in Ruhe zu leben, ohne mich jeden Tag mit einer neuen Pfändungsdrohung herumschlagen zu müssen.

Aber auch dieser Spuk neigt sich demnächst dem Ende zu. Ich habe in den letzten Jahren meinen gesamten Verdienst in die Insolvenzmasse reingeschossen, selbst meine Tantiemen, alles. Damit kann ich meine Außenstände demnächst bezahlen. Dann gehört mein Leben endlich wieder mir.

So viel zu den Weggefährten, die dich in die Scheiße reiten.

TIPP 8

Wenn ich in meinem Leben etwas gelernt habe, dann, dass man nichts erwarten sollte. Nicht von Freunden, nicht von deinem Partner. Wenn du liebst, dann liebe und gebe alles, aber erwarte von deinem Gegenüber nicht, dass er bereit ist, das Gleiche zu tun wie du.

Ich habe die Erfahrung gemacht, dass ich viel stärker liebe als andere Menschen. Manchmal zu stark. Denn wenn ich liebe, liebe ich so sehr, dass es mich selber manchmal umbringt. »Too Much Love Will Kill You« – eines meiner Lieblingslieder von Queen. Ich bin in dieser Hinsicht unendlich leidensfähig. Ich habe mir durch falsche Freundschaften und toxische Beziehungen selber so viel angetan, dass jeder andere schon gesagt hätte: »Hey! Stopp! Feierabend. Jetzt reicht's!« Ich dagegen gab jedem noch eine Chance, und noch eine. Wenn es sein musste, Hunderte von Chancen. Das ist kein hohles Geschwätz, das habe ich unzählige Male bewiesen. Klar, dass ich dachte, ich könnte das auch für mich in Anspruch nehmen. Da war ich wohl zu blauäugig.

Es gibt ganz wenige Menschen, die dich wirklich von innen sehen. Die einen Scheiß darauf geben, was du gestern gesagt oder getan hast, weil sie einfach wissen, wie du bist. Und wer du bist. Ich habe mit meiner jetzigen Frau einen solchen besonderen Menschen gefunden. Sie ist mein bester Freund und ich weiß, dass sie mich mindestens genauso liebt wie ich sie. Für sie würde ich sterben, ohne mit der Wimper zu zucken. Ich glaube, das ist die wahre Liebe. Wenn du bereit bist, für diejenige zu sterben. Wenn du jemanden gefunden hast, bei dem du dich komplett fallen lassen kannst, ohne dass du am nächsten Tag verhaftet wirst. Das meine ich übrigens wörtlich. Aber das ist eine andere Geschichte.

KAPITEL 9

FRESSE, PRESSE!

EURE LIEBLINGSZIELSCHEIBE SCHIESST ZURÜCK

Ich habe lange überlegt, ob ich dieses Kapitel überhaupt schreiben soll. Man beißt schließlich nicht die Hand, die einen füttert. Ich weiß, dass wir Künstler auf die Medien angewiesen sind. Eine gute Presse kann dich hochpushen bis zum Gehtnichtmehr, eine gute Presse macht dich zum Superstar. Das war bei mir nach »Jenseits von Eden« genauso. Ich wurde gefeiert und gelobt, im Radio lief der Song hoch und runter. Das war damals der Wahnsinn! Und dafür bin ich wahrlich dankbar.

ABER: Bereits eine einzige negative Schlagzeile kann dir das Leben zur Hölle machen. Ich bekam unzählige davon um die Ohren gehauen. Ich bin deshalb mehr als einmal von fremden Menschen auf der Straße bepöbelt worden. Kein Witz: Da kommen Leute auf dich zu und beschimpfen dich wegen irgendetwas, das in irgendeiner Zeitung steht. Ob das wahr oder falsch ist, interessiert keinen. Ich glaube, viele Journalisten ist es gar nicht bewusst, was sie damit anrichten. Eine geile Schlagzeile ist schnell rausgehauen, die Folgen können verheerend sein. Der Ruf ist ruiniert. Eine schlechte Presse, eine falsche Presse zerstört Leben. Es gibt genug Menschen, die sich deswegen ihr Leben genommen haben.

Wenn es wahr ist, wenn jemand wirklich Mist gebaut hat, ich spreche von brutalen Delikten – nicht, wenn man nur sich selbst verletzt hat – dann ist es natürlich richtig und wichtig, dass darüber berichtet wird. Dann sollen sie das tun. Aber wenn Halbwahrheiten leichtfertig in die Öffentlichkeit getragen werden, dann hört der Spaß auf.

Die grausamste Schlagzeile für mich war, als ich als »Frauenschläger« bezeichnet wurde. Das ist gelogen. Ich habe noch niemals eine Frau geschlagen, ich bin dazu gar nicht in der Lage. Der besagte Artikel ist nach einem Streit mit meiner Ex-Frau entstanden. Diese Geschichte verfolgt mich bis heute. Gerade Journalisten haben eine Verantwortung, wie sie mit Informationen umgehen. Ihr Job ist es zu recherchieren und die Wahrheit zu schreiben. Die brauchen sich nicht wundern, wenn über die Presse geschimpft wird.

Die mit Abstand krasseste Falschmeldung über mich verdanke ich der Zeitung mit den vier großen Buchstaben. Da stand ganz groß: »Nino de Angelo wurde zum Todesengel des Bürgermeisters von Molfetta!« Als ich diese Zeile las, bin ich aus allen Wolken gefallen. Ich dachte zuerst: »Wo bist du jetzt reingeraten?« Ich weiß noch, wie ich mit zitternden Händen diesen Artikel gelesen habe, um zu verstehen, was überhaupt passiert ist. Darin stand, dass der Bürgermeister von Molfetta, eine italienische Hafenstadt in der Nähe von Bari, auf offener Straße mit einer abgesägten Schrotflinte erschossen wurde. Es war eine Liquidierung, wie es bei der italienischen Mafia, der Camorra, üblich war. Dieser Bürgermeister namens Giovanni Carnicella hatte sich zuvor geweigert, ein Konzert mit Nino de Angelo in der apulischen Stadt zu genehmigen. Weiter stand da, dass Carnicella sich deshalb gegen dieses Konzert ausgesprochen habe, weil er der Meinung sei, dass Nino de Angelo in Verbindung mit der Mafia stehe. Carnicella gehörte zu der ehrlichen Sorte von Politikern, die weder Korruption noch andere illegale Machenschaften dulden. Er galt als ein Mann der Demokratie und ein entschiedener Gegner der Mafia. Am 7. Juli 1992 wurde er vor seinem Rathaus erschossen. Es war ein Blutbad, wie man es aus Splatterfilmen kennt. Solche Taten sind absichtlich so grausam, um als Abschreckung zu dienen und als eine Warnung an den Feind. Der Schütze Cristoforo Brattoli wurde kurz nach der Tat gefasst und zu 24 Jahren Gefängnis verurteilt. Dieser Mörder bestätigte, dass diese Konzertabsage von Nino de Angelo das Todesurteil für Carnicella bedeutet hatte.

Und so wurde ich zum Todesengel.

Dieser Artikel und sämtliche darin enthaltenen Behauptungen sind übrigens richtig – bis auf eine winzige, aber entscheidende Tatsache. Dieser Sänger, von dem hier die Rede ist, ist nicht Nino de Angelo, sondern Nino D'Angelo. Nino D'Angelo ist ein bekannter neapolitanischer Schlagersänger. Wir sind im ähnlichen Alter. Es gab schon häufiger Verwechselungen zwischen ihm und mir, tatsächlich meistens wegen angekündigter Konzerte. Dass so eine Namensähnlichkeit von einem Journalisten überlesen werden kann, ist menschlich. Das werfe ich niemandem vor. Aber wenn ein Unschuldiger eiskalt ermordet wird, recherchiere ich doppelt und dreifach.

Das wollte und konnte ich nicht auf sich beruhen lassen. Ich habe die Zeitung damals verklagt, auch wenn alle in meinem Umfeld dagegen waren. Mein Manager hatte Angst, dass die Zeitung danach nie wieder über mich berichten würde. Aber das war mir egal. Man kann mich nicht als »Todesengel« bezeichnen, mich mit einem Mord wie diesem in Verbindung bringen und ich lasse die Sache einfach auf sich beruhen. Ich gewann den Prozess logischerweise. Ich erwirkte eine Unterlassung sowie eine Gegendarstellung. Aber wie es eben häufig ist, sind die Schlagzeilen meistens riesengroß und die Gegendarstellungen so klein, dass es kaum einer wahrnimmt. Letztendlich bleibt immer etwas hängen. Genau darum muss man versuchen, es zu stoppen. Das war das erste Mal, dass ich juristisch gegen die Presse vorgegangen bin. Es blieb leider nicht bei dem einen Mal.

Eine andere Geschichte über verheerende Halbwahrheiten passierte im Februar 2016. Dieses Mal lautete die Schlagzeile: »Nino de Angelo mit Kokain am Steuer erwischt! Jetzt auch noch Suff und Koks! Wie schlimm steht es wirklich um den Sänger?« In diesem Artikel hieß es, dass die Polizei morgens um 5.50 Uhr ein Auto in Hamburg stoppte. Am Steuer saß angeblich ich, neben mir meine Ex-Frau. Es hieß, dass ich 1,3 Promille Blutalkohol hatte – ab 1,1 Promille gilt man als fahruntüchtig. Eine toxikologische Untersuchung habe zudem Reste von Kokain aufgewiesen. Doch diese Geschichte ist so nie passiert. Ich bin nie von der Polizei gestoppt worden, sondern die Polizei stand bei mir zu Hause vor der Tür. Das ist ein völlig anderer Sachverhalt. Es ist ein gewaltiger Unterschied, ob du trinkst, oder ob du trinkst und Auto fährst.

Dies verdankte ich meiner Ex. Ich war in dieser Nacht bei ihr. Wir hatten mal wieder gezofft und ich wollte nur noch nach Hause zu mir. Also hatte ich mir zwei Taxifahrer bestellt. Einer, der mich nach Hause bringt, und einer, der meinen Wagen nach Hause fährt. Ich hatte keine Lust, am nächsten Tag bei ihr meine Karre zu holen und ihr womöglich zu begegnen. Doch kaum kam ich zu Hause an, stand die Polizei vor meiner Tür. Meine Ex hatte mich beschuldigt, ich sei persönlich nach Hause gefahren, betrunken und vollgekokst, wie sie es beschrieb. Und weil die Motorhaube von meinem Auto noch warm war, nahmen mich die Polizisten direkt mit zur Wache. Mir wurde eine Blutprobe abgenommen, in der Alkohol und minimale Spuren von Kokain festgestellt wurden. Dass ich was getrunken und ein Näschen voll genommen hatte, habe ich nie bestritten. Aber ich habe dieses Auto nicht gefahren, da war ich anständig.

Trotzdem wurde diese Geschichte völlig anders veröffentlicht. Ich bin damals gegen diese falschen Schlagzeilen nicht vorgegangen, weil mir erstens die finanziellen Mittel fehlten, und weil ich zweitens keinen Medienanwalt an der Seite hatte, mit dem ich das hätte durchziehen können. Zudem war ich es einfach leid, mich mit der Presse wegen so etwas herumzuschlagen. Manchmal lässt man die Schlagzeilen einfach stehen und unternimmt nichts. Das ist manchmal die beste Lösung, dann zieht es keine weiteren Kreise. Nichts ist vergänglicher als die Zeitung von heute, morgen steht wieder etwas anderes drin. Wenn's dumm läuft, wieder über mich.

Es gibt noch eine Geschichte, die ist gar nicht so lange her. Da war ich Ende Juli 2020 in Hamburg, um mein Album »Gesegnet & Verflucht« aufzunehmen. Als die letzten Aufnahmen im Kasten waren, sind meine Verlobte Simone und ich gemeinsam mit dem Team ein bisschen feiern gewesen. Wir waren auf dem Kiez in meiner Lieblingskneipe, dem »Cowboy & Indianer«. Das ist so ein alter Rock-'n'-Roll-Schuppen mit Live-Musik. Als ich noch in Hamburg lebte, war ich dort Stammgast. Im März 2020 gab es wegen der Corona-Pandemie den ersten Lockdown in Deutschland. Aber im Sommer hatten sich die Regeln gelockert, die Kneipen waren wieder auf. Darum waren wir an diesem Abend auch feiern. Ohne Masken und ohne Abstand. Weil wir wollten und weil wir durften. An diesem Abend wurde ein Paparazzo-Foto von mir geschossen, wie ich eben mit Simone und meinen Leuten gemütlich ein Bierchen trinke. So weit, so harmlos. Dachte ich. Aber dieses Foto wurde dann drei Monate später veröffentlicht, mittendrin im zweiten Lockdown. Auf einmal bekommt so ein Foto eine völlig neue Bedeutung. In dem Artikel hieß es, was ich mir erlaube, mitten in der Pandemie ohne Maske und ohne Abstandsregeln zu feiern. Das war absolute Scheiße.

Ich trage diese Maske nicht gerne, keiner tut das. Aber ich halte mich an die Regeln. Doch so stand ich wieder als verantwortungsloses Arschloch da. Es war unnötig. Ich weiß, dass viele Journalisten unter Druck stehen. Wer nichts liefert, fliegt. Aber man hätte mich doch anrufen können und fragen: »Hey, Nino, warst du am Wochenende in Hamburg?« Dann hätte ich geantwortet: »Nein, war ich nicht.« Weil ich brav zu Hause saß. Weil dieses verdammte Foto vor drei Monaten geschossen wurde. Was blieb mir anderes übrig, als mich wieder zu wehren? Ich glaube, du kannst in dieser angespannten Zeit, in der jeder mit den Nerven am Anschlag ist, einem nichts Schlimmeres antun, als ihn zum Corona-Sünder zu denunzieren. Millionen von Menschen haben diesen Artikel gelesen. Weniger meine Gegendarstellung? Was bleibt: »Nino? Das ist doch das Arschloch, das keine Maske trägt.« Nicht schön.

Ich frage mich oft, wieso gerade ich solch eine Zielscheibe für die Medien darstelle. Wahrscheinlich deshalb, weil ich ein großes leichtes Ziel biete. Ich bin jemand, der sich nicht verbiegen lässt. Der auch mal den Mund aufmacht und mal laut werden kann. Dazu jemand, der in der Öffentlichkeit mitunter unvorsichtig agiert. Ich bewundere Künstler, die sich stets makellos präsentieren, die aus dem Haus gehen und ihr skandalfreies Ich-bin-so-lieb-Lächeln aufsetzen. Die es nur hinter verschlossenen Türen krachen lassen, so dass nichts davon publik wird. Das kann ich nicht. Mir war es oft egal, ob mir jemand beim Saufen über die Schultern schaut. Wenn ich mit meinen Jungs unterwegs war und wir Bock hatten, zu trinken und zu feiern, dann habe ich das gemacht und gedacht: »Ach, was soll's!« Ohne darauf zu achten, ob in einer Ecke die Paparazzi stehen, die darauf warten, dass sie dich besoffen in einer unschönen Situation erwischen, um es als Skandal verkaufen zu können. Sie bekommen je nach Foto für eine schmutzige Story zwischen 200 und 500 Euro. Das lohnt sich. Ich weiß, dass auch diese Jungs nur ihr Geld verdienen müssen, dass sie daheim vielleicht sogar eine Familie zu ernähren haben und dass solche Fotos nichts Persönliches sind. Trotzdem ist es scheiße, wenn immer ich als Zielscheibe herhalten muss. Aber da bin ich, wie gesagt, mitunter selbst schuld. Eigene Blödheit. Das fing bei mir ja schon in jungen Jahren an.

Als ich meinen ersten Ferrari hatte und ich vor einem Club mal keinen Parkplatz gefunden hatte, parkte ich oft ziemlich frech in zweiter Reihe und bin einfach rein in die Diskothek. Ich dachte, hey, die werden ja keinen Ferrari abschleppen. Doch genau das passierte. Die Polizei kam, mein Auto kam an den Haken und schwups, hieß es: »Das ist das Auto von Nino de Angelo. Der Großkotz parkt in zweiter Reihe. Den lassen wir jetzt bluten.«

Klar, so etwas macht man nicht. Da drückst du lieber dem Portier einen Fünfziger in die Hand und bittest ihn, dein Auto irgendwo zu parken. Ich bin garantiert nicht der Einzige, der sein Auto in zweiter Reihe parkt, aber ich bin derjenige, der dafür sofort an den Pranger gestellt wird. Wenn du in der Öffentlichkeit stehst, hast du eine Vorbildfunktion. Wenn du erfolgreich bist, dann wird dir genau auf die Finger geguckt. Dann wird mal angefangen, am Lack zu kratzen, um zu sehen, was hinter der Fassade steckt. Und so wurde ich im Laufe der Zeit immer mehr zum »Enfant terrible«, zu dem Mann, der sich nicht an die Regeln hält.

Ich muss gestehen, bei manchen Schlagzeilen habe ich mich über mich selbst geschämt. Ich dachte zu oft: »Oh, Mann, scheiße, was steht da wieder drin?« Da traust du dich erst mal gar nicht mehr aus dem Haus und willst dich eigentlich nur in einem Loch verkriechen. Aber das Schlimmste an solchen Artikeln ist, dass sie deine Familie mit in dieses Loch ziehen. Ist den Journalisten bewusst, was sie meinen Kindern antun, wenn in der Zeitung steht, dass ihr Vater ein »Todesengel« oder ein »Frauenschläger« ist?! Oder dass ich angeblich mit Koks am Steuer erwischt wurde? Da schämen sich plötzlich die eigenen Kinder für dich. Und die Eltern gleich mit. Meine Familie wird bei solchen Artikeln ebenso zur Zielscheibe, das haben sie nicht verdient. Die Kinder wurden früher in der Schule mehr als einmal meinetwegen gehänselt, so nach dem Motto: »Was hat dein Vater wieder angestellt?« Meine Eltern werden von Nachbarn oder im Supermarkt auf ihren missratenen Sohn angesprochen. Sie sollen sich für Geschichten rechtfertigen, die entweder komplett erlogen sind oder aus Halbwahrheiten konstruiert. Ich weiß, dass ich kein Kind von Traurigkeit bin und dass ich Kritik verdient habe. Das tue ich. Aber lasst meine Familie in Ruhe.

Das ist die berühmte Kehrseite der Medaille.

Die entscheidende Frage also ist, wie gehst du mit dieser Situation um? Wenn du dich bei solchen Schlagzeilen nicht wehrst, weil du es dir mit der Presse nicht versauen willst, gleicht es einem

Schuldeingeständnis. Und wenn du dich wehrst, bist du ganz schnell der Buhmann. Dann lassen dich die Medien fallen wie eine heiße Kartoffel. Das war bei mir beispielsweise 2017 der Fall. Ich hatte mit »Liebe für immer« ein, wie ich finde, sehr gelungenes Album produziert, aber es wurde ein Flop. Ich wurde von der Presse nicht unterstützt. Ich habe bei allen Redaktionen angefragt, aber es hieß nur, ich hätte zu viele negative Schlagzeilen gemacht.

Darum beschloss ich, meine eigenen Schlagzeilen zu machen. Ich bin froh, dass es soziale Online-Netzwerke wie Instagram und Facebook gibt. Dadurch kannst du dich selbst mitteilen und du bist nicht zwingend auf die Presse angewiesen. Zudem kannst du Dinge auf direktem Wege aufklären beziehungsweise richtigstellen. Du kannst dich gegen eine Falschmeldung in Sekunden wehren, das ist ein Segen. Ich versuche, auf Instagram die Menschen an meinem Leben teilhaben zu lassen. Ich bin da sehr offen und zum Teil sehr privat. Was ich allerdings unterschätzt habe, sind die Hasskommentare. Wenn du als öffentliche Person einen öffentlichen Account hast, dann bist du auf einmal nicht nur für die Medien eine leichte Zielscheibe, sondern ebenso für jeden dahergelaufenen selbstgerechten Vollidioten, die glauben, über dich urteilen zu müssen.

Die schlimmsten verbalen Attacken musste ich ertragen, als ich als »Frauenschläger« bezeichnet wurde. Ich wurde beschimpft und bedroht. Da kamen Kommentare von »Arschloch« über »Du Weichei, such' dir mal richtige Gegner« bis zu »Dir müsste man die Fresse polieren«. Du liest all diese hasserfüllten Nachrichten und verstehst die Welt nicht mehr. Ich habe all diesen Menschen nichts getan. Ich kenne davon niemanden und die kennen mich nicht. Die haben nur eine Schlagzeile im Kopf und machen dich zum Sündenbock. Es gibt zum Glück auch die, die zu dir halten. Die dich trösten, die dir liebevolle Dinge schreiben wie: »Halt durch Nino, wir glauben dir!« oder »Wir wissen, dass du ein großes Herz hast.« Auf jeden Zuspruch folgen gefühlt zehn Leute, die dir irgendeine Scheiße anhängen. Ich habe die Erfahrung gemacht, dass wenn einer mit einem solchen Hasskommentar beginnt, eine regelrechte Wut-Lawine losgetreten wird. Das ist der Nachteil der sozialen Medien. Sie geben jedem die Freiheit, zu schreiben, was er will. Die meisten verstecken sich hinter Fake-Profilen und fühlen sich im Schutz dieser Anonymität als Henker und Richter in Personalunion. Solche Leute kannst du schwer stoppen. Sie haben den ganzen Tag nichts anderes zu tun, als anderen übel nachzureden. Was soll das? Mir würde das gar nicht einfallen.

Aber auch hier ist die Frage: Wie gehst du damit um? Löschst du die Hasskommentare, heißt es sofort, dass du zu eitel bist und keine anderen Meinungen zulässt. Reagierst du drauf, wird es dir als Schwäche ausgelegt. Am besten ist es, gar nicht zu reagieren. Oder, wie ich es schließlich tat – dem Ganzen ein Ende zu machen und aus Facebook & Co. auszutreten, zumindest kurzzeitig.

In den sozialen Medien gegen gewisse Dinge vorzugehen, kann ganz schnell nach hinten losgehen. Du musst nur einmal falsch verstanden werden, schon erwartet dich ein gewaltiger Shitstorm! Ich habe – toi, toi, toi – einen solchen Shitstorm noch nicht erlebt. Aber die Hasskommentare nach der »Frauenschläger«-Geschichte und zuletzt nach »Big Brother« waren nicht weniger schmerzhaft, das könnt ihr mir glauben. Ich hatte ja schon kurz angerissen, dass ich meinen Facebook-Account trotz 50 000 Followern gelöscht habe. Noch ein Tipp für alle, die unbedingt berühmt werden wollen: Lasst es! Es ist nicht leicht, immer im Rampenlicht zu stehen. Je heller das Licht, desto mehr Fadenkreuze zielen auf dich.

Dass ich dieses Kapitel »Fresse, Presse!« genannt habe, ist natürlich provokant. Zudem reimt es sich so schön. Aber ich würde mir wünschen, dass der Umgang mit der Presse neutraler wird. Nicht freundschaftlich, das erwarte ich gar nicht. Aber neutral, objektiv. Nicht gleich jede neue Geschichte wird mit einem alten negativen Nino-Stempel versehen. Ich wünsche mir, dass meine Interviews sinngemäß veröffentlicht werden. Du hast als Prominenter bei einem Interview keinen Einfluss auf die Schlagzeile. Die meisten Boulevard-Schlagzeilen sind reißerisch gehalten, das lockt. Der Inhalt ist völlig harmlos, die Schlagzeile verheerend. Die bleibt hängen. Das ist so ähnlich wie bei der Regie von »Promi Big Brother«. Sie schneiden dich in Bildern zusammen, was für die Zuschauer schlüssig erscheint, aber nicht der Wahrheit entspricht. Sie machen dich zum Bad Boy oder zum Liebling. Es ist manipulativ und schürt den Hass. Das geht ganz schnell, ich habe es erlebt. Natürlich gibt es auch Journalisten, die einen super Job machen, die seriös arbeiten und sorgfältig recherchieren. Diese guten Journalisten sind zum Glück in der Überzahl. Aber schwarze Schafe versauen nun mal den Ruf einer ganzen Herde.

Ich bin in den letzten Jahren sehr vorsichtig geworden in meinem Umgang mit der Presse. Die frühere Unbedarftheit ist weg. Ich überlege mir heute ganz genau, was ich wo und wie sage. Trotzdem habe ich weiterhin das Gefühl, dass über mich lieber negativ berichtet wird als positiv. Als ob ein netter Nino in der Presse nicht ziehen würde? Ich hatte vor über 20 Jahren beispielsweise mal ein Charity-Kartrennen mitorganisiert. Da waren Profis und Promis am Start, es gab ein Qualifying und die obligatorische Sektdusche bei der Siegerehrung. Die Zuschauer hatten Spaß, wir hatten Spaß. Es war eine coole Sache. Und die Spendengelder flossen. Wir hatten an diesem Tag über 50 000 Mark gesammelt und danach dieses Geld als XXL-Scheck der Deutschen Krebshilfe überreicht. Ich hatte obendrein das Promi-Rennen gewonnen und stand stolz grinsend wie ein Honigkuchenpferd auf dem Podest. Soll ich was sagen? Keine Sau hat das interessiert. Nichts davon stand in irgendeiner Zeitung. Warum? Keine Ahnung. Ich glaube, ich könnte selbst ein kleines Kind vorm Ertrinken aus einem Fluss retten und es würde nicht mal in einem Dreizeiler erwähnt werden. Aber wehe, ich parke mal in zweiter Reihe. Dann gibt's Alarm! Dann gibt's was zu schimpfen, am besten auf der Titelseite. Keine Sorge, ich will mich jetzt nicht als Presseopfer darstellen, aber dennoch finde ich es schade, dass man mir die guten Schlagzeilen missgönnt. Auch jetzt hat keiner geschrieben: »Nino mit Wahnsinns-Comeback. Millionen Klicks für ›Gesegnet & Verflucht‹.« Nein, es wurde zwar über mein Album geschrieben, aber nicht lobend, sondern tragisch. Überall stand nur meine COPD-Erkrankung im Fokus. Statt »Comeback« hieß die Schlagzeile: »Ist es Ninos letztes Album?« Dass ich bald sterben könnte, ist offenbar spannender, als die Tatsache, dass ich mein Leben gerade völlig neu erlebe.

TIPP 9

Dieses oft falsch transportierte Bild von mir in der Öffentlichkeit ist einer der Gründe für dieses Buch. Ich will die Geschichten hinter den Geschichten erzählen, ich bin mehr als nur eine Schlagzeile. Ich hoffe, dass dieses Buch dabei hilft, mein leider oft negatives Bild in der Öffentlichkeit zu korrigieren. Ich will, dass die Menschen mich verstehen, meine Beweggründe erfahren und mich so kennenlernen, wie ich bin.

Ich habe meine Schwächen und ich habe meine Stärken, und ich versuche, mein Leben auf die Reihe zu kriegen, so gut ich kann. Mein Leben war nicht einfach. Ja, ich hatte sehr viel Glück und sehr viel Erfolg. Aber ich musste genauso viel Unglück und Misserfolg ertragen. Mal ganz abgesehen von den ganzen Krankheiten, die ich überstehen musste. Was ich damit sagen will: Für viele bin ich nur der Schlagerstar, der seine Millionen versoffen hat. Wenn sich dieses Bild mit diesem Buch nur ein bisschen positiver gestaltet, habe ich das erreicht, was ich wollte.

Mein Tipp: Zeig den Menschen, wer du wirklich bist und verstecke dich nicht. Aber: Schau auch bei deinem Gegenüber zweimal hin, bevor du dir ein vorschnelles Urteil erlaubst. Die nächste negative Schlagzeile könnte deine sein.

KAPITEL 10

HEUTE

DIE ZEIT HEILT ALLE WUNDEN

Wenn ich morgens aufstehe, von unserem Schlafzimmer aus direkt raus auf den Balkon gehe und mein Blick über die idyllische Landschaft des Allgäus schweifen lasse, dann wundere ich mich ab und an selbst noch, wo ich gerade bin. Hinter unserem Haus befindet sich die Starzlach, ringsherum siehst du nur Berge und Wiesen. Es fühlt sich an wie »Ferien auf dem Immenhof«. Ich lebe hier gemeinsam mit meiner Frau Simone mitten auf einer wunderschönen Reitanlage mit Koppeln, Stallungen und einer 800 Quadratmeter großen Reithalle. Das Haus hat einen Turm mit einem Spitzdach, auf dem Balkongeländer steht in Großbuchstaben »NINO'Z«. Wir wollen vielleicht mal ein nettes Lokal eröffnen mit Live-Musik, aber das ist noch nicht spruchreif.

Dazu muss man wissen, dass wir im ersten Stock bereits eine dementsprechende Location dafür haben. Es ist ein großer Raum mit Platz für locker 50 Personen. In der Mitte ist eine riesige halbrunde Bar mit Blick auf die Reithalle. Gegenüber steht eine Bühne mit Keyboard und Mikro. Sogar einen runden Stammtisch gibt es schon, passenderweise im Turmanbau. Um die Theke hängen jede Menge alte Fotos meiner Karriere, in der Vitrine nebendran glänzen einige meiner Preise. Wer hier an der Bar einen Drink nimmt, der erlebt eine echte Nino-Zeitreise. Aber das ist, wie gesagt, noch Zukunftsmusik. Es gibt auch Ferienwohnungen und Mietställe für Pensionspferde, so um die 30 Stück. Meine Frau selbst hat acht Pferde und jede Menge Ponys. Sie hat diese zehn Hektar große Reitanlage im schwäbischen Oberallgäu im Jahr 2017 gekauft und es Stück für Stück in dieses Paradies verwandelt. Für mich als alter Stadtmensch, der in Köln und Hamburg zu Hause war, war das anfangs zugegebenermaßen eine Umstellung, aber ich bin hier zum Landei mutiert und ich genieße es, einfach mal durchzuatmen. Wir leben hier nämlich in einem Luftkurort und einem riesigen Naturschutzgebiet. Das kommt natürlich meinen Bronchen und meiner COPD sehr entgegen. Wenn ich also auf diesem Balkon stehe, morgens nach dem Aufstehen, in Boxershorts und mit einer Tasse Kaffee in der Hand, kann ich es kaum fassen, welch verrückter Lebensweg mich hierher geführt hat. Mein altes Dasein ist manchmal wie vergessen – und dann wieder so nahe. Wie zuletzt, als ich unten irgendwelche Stimmen hörte: »Hey, da oben ist Nino de Angelo. Bekommen wir ein Autogramm?« Da stand eine Gruppe Fans mit Kameras und knipste aufgeregt winkend in meine Richtung. Es ist ja schmeichelhaft, keine Frage, aber ich hatte nur Unterhosen an. Ich rief dann runter: »Darf ich mir noch eine Hose anziehen?«

Dass Fans hier ungefragt in der Reitanlage auftauchen, passiert selten. Im Dorf hat man sich inzwischen an mich gewöhnt. Es ist ein 3000-Seelendorf, wie es typisch ist für diese Region, mit verwinkelten Straßen und Fachwerkhäusern. Die Leute sind alle sehr freundlich und zurückhaltend, auch wenn manche gucken, als hätten sie ein Ufo gesehen, nur weil ich beim

Bäcker in der Schlange hinter ihnen stehe. Aber gut, das ist für mich nichts Neues. Im Dorf an sich bin ich sowieso selten. Wir gehen so gut wie nie auswärts essen, vielleicht alle drei Monate mal, sind daher nur zum Einkaufen im Ort. Ansonsten lebe ich hier zurückgezogen auf unserem Grundstück. Hier habe ich mein eigenes kleines Tonstudio, hier kann ich ohne Hektik vor mich hin werkeln.

Mein Terminkalender ist in der Regel brechend voll. Vor allem in Zeiten wie zuletzt, wenn ich gerade ein neues Album produziere. Da hast du das Gefühl, jeder will was von dir und du versuchst, dem allen bestmöglich gerecht zu werden. Im Job bin ich zuverlässig wie ein Schweizer Uhrwerk und erledige pünktlich meine Termine. Ich schaue, das alles läuft und arbeite auf den Punkt. Das war zwar nicht immer so, zugegeben, doch auch in dieser Hinsicht habe ich mich geändert. Ich bin jetzt nicht nur ein Landei, sondern auch ein Streber, ha! Aber ein Streber mit Weitsicht. Auch das ist anders als früher: Heute gönne ich mir meine Pausen. Ich habe früher oft die Leute belächelt, die gleich mehrere Handys mit sich herumschleppen und einen auf ach so wichtig tun. Heute besitze ich ebenfalls zwei Handys, eines privat und eines geschäftlich. Wird es mir zu viel, schalte ich es gnadenlos ab. Ich habe es inzwischen gelernt, ein paar Tage mal keine festen Termine zu haben und einfach so in den Tag hineinzuleben. Ich bleibe dann gerne länger liegen, auch mal bis um zehn, und schaue im Bett noch eine Folge meiner Lieblingsserie »Blue Bloods« mit Tom Selleck in der Hauptrolle an. Das ist eine Serie über eine irische Cop-Familie, die auf Biegen und Brechen zueinandersteht, egal, was kommt. Zusammenhalt ist für mich etwas ganz, ganz Wichtiges, deshalb mag ich die Serie so. Dann stehe ich auf, frühstücke und drehe mit den Hunden eine Runde an der frischen Luft. Ihr könnt mir glauben, das ist Entschleunigung pur. Nichts zu tun, bedeutet nicht, dass ich faul bin. Es bedeutet nur, dass ich alles auf mich zukommen lasse. Dass ich mir Inspirationen hole und Ideen sammle. Ich höre in meiner Freizeit beispielsweise sehr viel Musik, alles Mögliche von Ozzy Osbourne bis Guns n' Roses. Und ich setze mich dann mit dieser Musik und den Künstlern ganz speziell auseinander.

Ich koche gerne und oft und bin ein riesiger Fan von Kochsendungen. Insbesondere von dem britischen Koch-Verrückten Jamie Oliver. Es gibt so eine Staffel, da reist er durch die Welt, um neue Rezeptideen zu entdecken und auszuprobieren. Das ist im Prinzip wie bei mir, wenn ich die Musik anderer Bands höre. Du schaust, wie die das machen und ziehst dir deine eigenen Impulse heraus. Beim Kochen kommen mir mitunter die besten Ideen. Es passiert oft, dass ich vom Herd direkt ins Studio gehe. In meinem Kopf rattert es andauernd – immer. Sobald ich einen Gedankenblitz habe, lege ich los. Aber dann open end. Da kann es passieren, dass ich mal zehn Stunden nicht zu sehen bin. Oder noch länger. Ich lasse wirklich alles auf mich zukommen. Ich selbst habe keinen Plan. Ich glaube an den göttlichen Plan.

Mir ist es wichtig zu zeigen, dass ich mich weiterentwickelt habe. Die feiernde Koksnase ist nur eine Seite von mir. Es gibt ebenso den stillen Nino, den nachdenklichen Nino, den hinterfragenden Nino. Was vielleicht überraschen mag: Seit Jahren beschäftige ich mich mit Philosophie. Ich lese beispielsweise sehr gerne François de La Rochefoucauld, einen französischen

Philosoph und Denker aus dem 17. Jahrhundert. Von ihm stammen so kluge Sätze wie »Jeder klagt über sein mangelhaftes Gedächtnis, aber niemand über seinen mangelhaften Verstand« oder »Der Geist ist immer der Narr des Herzens«. Vor allem letzteres Zitat trifft vollends auf mich zu. Ich lese außerdem gerne Gedichte von Rainer Maria Rilke, dazu Seneca, Aristoteles oder die »Selbstbetrachtungen« von Mark Aurel. Also alles Bücher, die sich mit dem Sinn des Lebens beschäftigen oder mit dem Leben an sich. Ich schaue in diese Bücher so gerne rein, weil sie mir so viel geben. Ich habe das totale Verlangen, diese Werke zu lesen beziehungsweise in ihnen zu lesen. Ich muss allerdings zu meiner Schande gestehen, dass ich keines dieser Bücher je zu Ende gelesen habe. Ich suche mir vielmehr das heraus, was mich wirklich interessiert, oder mich sonst wie weiterbringt, zum Beispiel bei Ratgebern über Borderline-Symptome oder bipolare Störungen. In diesen Büchern finde ich mich wieder. Ich habe lange überlegt, ob ich das überhaupt erzählen soll. Ich meine, wen interessiert denn schon, welche Bücher mich inspirieren? Aber vielleicht ist es ganz gut, wenn einige Menschen mal einen anderen Blickwinkel auf mich bekommen. Für einen Ehrendoktortitel in Philosophie reichen meine Kenntnisse sicherlich nicht aus, aber um mein Hirn mit Input zu füttern, gibt es nichts Besseres. Viele meiner Songs sind übrigens genau so entstanden. Wenn eine Idee in mir reift, gehe ich ins Studio und zaubere einen Song. Das ist mein Leben.

Dieses Leben teile ich mit meiner wunderbaren Frau Simone. Ich nenne sie zwar Frau, obwohl wir bisher nur verlobt und noch nicht verheiratet sind – aber es fühlt sich richtig an, sie so zu nennen. Hatte ich erwähnt, dass ich an Fügung glaube, an den göttlichen Plan? Anders kann ich mir diese Begegnung nicht erklären. Denn kennengelernt habe ich Simone, als ich einer alten Freundin beim Umzug geholfen habe. Es war ein Umzug von Niedersachsen ins Allgäu. Diese besagte Freundin hatte ein Pferd und suchte einen Mietstall für ihren Vierbeiner. Wo, war ihr egal. Hauptsache, in der Nähe des Bodensees. Wer mal »Allgäu« und »Pensionsstall« googelt, erhält knapp 10 000 Treffer. Warum sich meine Bekannte ausgerechnet für die Reitanlage meiner Simone entschied? Bei 1 zu 10 000 wäre das schon ein sehr, sehr großer Zufall gewesen. Ich glaube daher eher an Vorsehung. Und genau so fühlte sich auch meine erste Begegnung mit Simone an. Ich weiß noch, wie wir auf dem Anwesen parkten und ich von weitem diese Wahnsinnsfrau auf uns zukommen sah. Reiterhosen, eine ärmellose Jacke, die schwarzen Haare zum Pferdeschwanz gebunden – und dazu dieses Lächeln, das einen in die Knie zwingt. Ich war sofort verknallt. Das war Liebe auf den ersten Blick. Ich sah Simone und dachte nur: »Was für eine tolle Frau!« Es ist schon witzig: Da suchte meine Freundin einen Stall für ihr Pferd und hat stattdessen mich alten Esel dort untergebracht.

Dass die Chemie zwischen Simone und mir sofort stimmte, konnte jeder spüren. Aber noch hielt ich mich natürlich zurück. Ich wusste ja nicht, ob sie einen Mann oder einen Freund hat, oder ob sie nur nett ist und ich diese Flirterei völlig falsch interpretiere. Obwohl … eigentlich war ich mir sicher, dass ich richtig lag. Ungeachtet dessen, dass wir uns ja nicht kannten, war gleich alles so vertraut. Es war keiner dieser oberflächlichen Smalltalks.

Ich hatte ihr von meinem Leben erzählt und sie mir von ihrem. Simone wusste, wer ich war, besser gesagt, sie kannte meinen Namen und natürlich kannte sie »Jenseits von Eden«. Erkannt hätte sie mich aber nicht. Später hat sie mir mal gestanden, dass sie völlig verwundert war, dass ich ich bin. Sie dachte, ich wäre so ein alter Schlager-Heini und sicherlich längst unter der Erde. Lustig, ne? Ich kann mich noch gut daran erinnern, dass wir vormittags zur Stallbesichtigung verabredet waren und wir abends noch immer Simones Gäste waren. Besagte alte Freundin ist irgendwann gegangen, ich dagegen bin sogar noch zum Abendessen geblieben. Anschließend fuhr Simone mich brav in mein Hotel. Es ist an diesem Abend tatsächlich nichts passiert. Ich müsste lügen, wenn ich mir an diesem Abend nicht mehr gewünscht hätte, aber ich bin gottfroh, dass es nicht dazu kam. Wer weiß, ob wir heute so glücklich wären.

Am nächsten Morgen ging es zurück für mich in den Norden. Ich hatte damals in Schwarme gewohnt, südöstlich von Bremen. Aber mir ging Simone nicht aus dem Kopf. Ihre Telefonnummer herauszufinden war nicht allzu schwer. Also rief ich sie an.

Von da an schrieben wir uns täglich und telefonierten mehrmals die Woche. Ich erfuhr, dass sie geschieden ist, drei erwachsene Kinder hat und dass sie Schlagermusik nicht ganz so gerne mag. Wie gesagt, ich war verzaubert. Im Mai 2018 hatte ich einen Auftritt in der Schweiz. Ich weiß noch, wie ich aufgeregt bei ihr anrief und sie fragte, ob sie nicht kommen möge. Dann würde sie mich mal live auf der Bühne erleben und wir könnten anschließend noch was trinken gehen. Dieses Konzert war in Düdingen, südlich von Bern. Also fast 400 Kilometer entfernt von ihr. Simones erste Frage war darum: »Wo übernachte ich dann?« Ich antwortete scherzhaft: »Im schlimmsten Fall bei mir«. Fügte dann aber gleich hinzu, dass ich ihr ein Hotelzimmer buchen würde. Ich wollte ja nicht gleich mit der Tür ins Haus fallen.

Simone sagte zu und das war unser erstes richtiges Date. Wir haben nach dem Konzert noch die halbe Nacht an der Hotelbar gesessen und uns über Gott und die Welt unterhalten. Ich habe an diesem Abend so viel gelacht wie schon lange nicht mehr. Wie dieser Abend ausgegangen ist, verrate ich nicht. Ein Gentleman genießt und schweigt. Nur so viel sei gesagt: Seit diesem Tag sind wir ein Paar.

Keine drei Wochen später, im Juni 2018, gab ich meine Wohnung auf, packte mein Zeug und zog zu ihr in den Süden. Es war klar, dass ich derjenige sein würde, der seine Wohnung aufgäbe. Erstens hielt mich nichts im Norden, zweitens lebte ich alleine. Ich konnte schlecht verlangen, dass Simone mit ihren Kids und den Pferden einmal quer durch Deutschland zog.

Seit der Trennung von meiner ersten Frau 1998, der Mutter meiner beiden Kinder, hatte ich kein richtiges Familienleben mehr gehabt. Es fühlte sich an wie nach Hause kommen. Als ob meine getriebene Seele endlich einen Platz gefunden hätte, wo sie hingehört. Ich war zwar zwischendurch noch dreimal verheiratet gewesen, aber in keiner dieser Ehen hatte es gemeinsame Kinder gegeben. Das kannst du mit einem klassischen Familienalltag nicht vergleichen.

Dank Simone habe ich wieder ein solches Familienleben und ich fühle mich hier so unglaublich gut aufgehoben. Nicht nur ihre Kinder, sondern auch die Mitarbeiter ihrer Reitanlage haben mich direkt ins Herz geschlossen.

Alle hier packen mit an, so wie es eben ist auf dem Land. Mich eingeschlossen. Okay, Ställe ausmisten ist nichts für mich. Das ist eine Knochenarbeit, die selbst ohne COPD superanstrengend ist. Auch von Pferden habe ich keine Ahnung. Ich habe zwar schon mal auf einem Gaul gesessen, aber reiten würde ich das nicht nennen. Ich sitze nicht wirklich fest im Sattel. Dennoch sind Pferde tolle Tiere, ich streichle sie gerne oder helfe beim Longieren, führe also die Pferde an einem Seil im Kreis herum. Meine Arbeit auf dem Hof ist eher eine andere. Ich bin für die kleinen Reparaturen zuständig, die du mit geschickten Händen selbst erledigen kannst. Ich kaufe ein, kümmere mich mit um den Haushalt und ich koche, wie gesagt, leidenschaftlich gerne. Die »Pasta à la Nino« ist das Lieblingsgericht unserer Familie.

Unsere Familie – meine Familie. Wäre der Lockdown nicht dazwischengekommen, wären Simone und ich längst Frau und Mann. Eigentlich war schon alles fix. Wir wollten am 12.12.2020 im Standesamt von Kempten heiraten, aber das war wegen der Corona-Pandemie nicht möglich. Beziehungsweise war es möglich, aber nur mit radikalen Einschränkungen, die dir jegliche Hochzeitsstimmung raubt. Der Standesbeamte hinter einer Glasscheibe, wir mit Masken im Gesicht, die wir nur kurz zum Ja-Wort abnehmen dürfen. Dazu muss sich jeder für nur eine einzige Begleitperson entscheiden, die wiederum zwei Meter Abstand halten muss. Selbst Glückwunsche oder Fotos vor dem Standesamt wurden strengstens untersagt. Was ist das für eine Hochzeit, wenn ich der Frau, die ich liebe, das Ja-Wort gebe und nicht mal die Familie dabei sein darf?! Nein, so wollten wir das nicht. Wir sind verlobt, wir lieben uns, wir haben keine Eile.

Bevor die Frage nach dem Antrag aufkommt: Ich bin keiner, der vor seiner Angebeteten auf die Knie fällt und fragt: »Willst du mich heiraten?« So etwas habe ich noch nie gemacht, das passt auch nicht zu mir. Ich habe Simone daher mit einem Song gefragt.

Ich habe ja schon erwähnt, dass Familie und Zusammenhalt für mich das Größte ist. Genau das habe ich dank Simone wiedergefunden. Simone gibt mir dazu die Kraft. An ihrer Seite kann ich alles erreichen. Das, was ich heute mache und was ich nach so vielen Jahren wieder auf die Beine gestellt habe – dieser außergewöhnliche Erfolg mit meinem neuen Album »Gesegnet & Verflucht« – das hätte ich ohne Simone niemals hinbekommen. Was liegt näher, als ihr ein Lied auf meinem Album zu widmen? Den Song »Romeo und Juliet« habe ich für meine Simone geschrieben. Dieses Lied beschreibt ganz genau, was ich für sie empfinde. Als ich ihr das erste Mal dieses Lied vorgespielt hatte, saß sie nur da mit Tränen in den Augen, und hörte sich Zeile für Zeile an. Dieser Song war mein Heiratsantrag. Ich sagte ihr, dass ich bis ans Ende meines Lebens mit ihr zusammenbleiben möchte und, dass unsere Liebe über den Tod hinaus geht. Das ist der Inhalt des Songs und ehrlichere Worte als diese hätte ich für einen Antrag nicht finden können. Simone hat »Ja« gesagt. Dass »Romeo und Juliet« ihr Lieblingslied auf dem Album ist, muss ich wohl nicht erwähnen.

Wann wir heiraten, wissen wir noch nicht. Wir werden den Rest unseres Lebens zusammen verbringen, da kommt es auf ein paar Tage nicht an. Wir suchen gerade ein anderes schönes Datum. Vielleicht ja der 21.12. 21. Vielleicht auch der 22.2.22. Mal sehen. Auf jeden Fall im kleinsten Familienkreis. Simone ist geschieden und ich habe bereits vier Scheidungen hinter mir. Da hängst du eine Hochzeit nicht ganz so an die große Glocke. Wir heiraten daher nur für uns, weil wir das so wollen.

Und weil es sich richtig anfühlt. Simone und ich leben nun schon seit drei Jahren zusammen, das ist genügend Zeit, um sich gegenseitig anzuschnuppern und um den anderen mit all seinen Macken kennen- und lieben zu lernen.

Abgesehen von meiner ersten Frau habe ich immer viel zu schnell geheiratet. Auch wenn es jedes Mal Liebe war, zumindest dachte ich, es wäre Liebe, und wurde im Nachhinein eines Besseren belehrt. Ich war verknallt, fand Heiraten romantisch und bin zum Altar marschiert. Da brauchst du dich nicht wundern, dass deine Ehe schiefgeht, wenn du nach drei Monaten schon Ringe tauschst. Das ist der dümmste Fehler, den du in einer Beziehung machen kannst. Okay, es spricht nicht für mich, dass ich diesen Fehler gleich dreimal gemacht habe. Aber hey, auch ein Nino wird weiser in seinen Entscheidungen.

Simone ist auf jeden Fall die Richtige. In ihren Armen will ich sterben. »Died In Your Arms Tonight«, um es mit dem Hit der »Cutting Crew« auszudrücken. Wenn ich von Familie rede, sind natürlich nicht nur Simone und deren Kids gemeint. Das ist vielmehr mein jetziges Familienleben. Zu meiner Familie gehören ebenso meine Eltern und natürlich meine beiden Kinder. Das Verhältnis zu meinen Eltern ist heute besser denn je. Und es ist für mich unbezahlbar, beide an meiner Seite zu wissen. Das ist nicht selbstverständlich, schließlich sind sie bereits über 80, aber sie stehen dafür noch voll im Saft. Mit meiner Mutter telefoniere ich ein- bis zweimal die Woche. Sie ist das zweite Mal geschieden und lebt alleine in Köln. Ich würde sie gerne zu uns ins Allgäu holen, wir haben hier genügend Platz und wir würden uns alle sehr gerne um sie kümmern. Aber sie ist stur, die verpflanzt du nicht mehr aus ihrem Köln. Nicht nach fast 50 Jahren. Mein Vater lebt mit seiner Familie nach wie vor in Bretten, dem Ort meiner frühesten Kindheit. Das sind 250 Kilometer von uns, also weniger als drei Stunden Autofahrt. Ich habe ihn mit Simone schon ein paar Mal besucht, genau wie meine Mutter in Köln. Meine Eltern lieben Simone. Ich hätte beide gerne an meiner Hochzeit dabei.

Dass ich meine beiden Kinder in diesem Buch nur sehr sporadisch erwähne, bedeutet nicht, dass sie in meinem Leben keine Rolle spielen, sondern dass ich sie schützen möchte. Ich weiß, dass ich nicht der Bilderbuchpapa war, aber ich habe mich mein Leben lang bedingungslos vor meine Kinder gestellt. Ich habe für sie gesorgt, so gut wie es mir möglich war. Und das tue ich bis heute. Wenn ich den Weg in die Öffentlichkeit wähle, wie ich es jetzt mit diesem Buch tue, dann ist es meine Sache. Da halte ich meine Kinder raus. Meine Tochter kennt und beherrscht das Spiel mit dem Rampenlicht perfekt. Sie stand bereits für die Soap »Unter uns« vor der Kamera und sie sprach auch schon in der Vox-Show »7 Töchter« über unser Papa-Tochter-Verhältnis. Ich halte mich dennoch zurück. Ich weiß, dass meine Kinder früher unter meiner Prominenz zu oft leiden mussten. Sie waren überall nur die Kinder von Nino. Und natürlich wurde ihnen jede meiner Negativ-Schlagzeilen brühwarm unter die Nase gehalten. Ich habe ihnen darum beigebracht, mich auf alles offen anzusprechen. Nur weil etwas irgendwo steht, heißt es nicht, dass es wahr ist. Jede Geschichte hat bekanntlich zwei Seiten. Bevor ich dieses Buch geschrieben habe, rief ich darum meine Kinder an. Ich erzählte ihnen, was ich vorhabe, fragte beide, ob es für sie in Ordnung sei. Speziell die Drogen- und Sexgeschichten. Ich wollte nicht nur ihre Erlaubnis, ich wollte ihren Segen. Dass meine beiden, inzwischen erwachsenen, Kinder so großartige Menschen geworden sind, verdanke ich der Erziehung meiner ersten Frau. Ich liebe meine Kinder über alles. Wenn es sie nicht geben würde, wäre ich längst nicht mehr am Leben. Sie haben mir die Kraft gegeben, immer dann aufzustehen, wenn ich nicht mehr konnte. Die Liebe zu meinen Kindern und die Liebe, die ich durch sie empfange – das ist das Nonplusultra. Sie sind alles für mich.

Ob ich jemals Enkel haben werde? Ich bin mir nicht sicher. Ich bin mir auch nicht sicher, ob ich welche haben möchte. Nicht falsch verstehen: Wenn mich meine Kinder zum Großvater machen sollten, werde ich der stolzeste Opa auf der Welt sein. Zudem meine Tochter frisch verheiratet ist und einen tollen Mann an ihrer Seite hat. Aber wenn ich mir gerade unsere Welt so betrachte, in welche beschissene und gefährliche Zeit diese Kinder ungefragt hineingeboren werden, dann weiß ich nicht, ob das den Kindern gegenüber fair wäre. Das klingt vielleicht hart. Dennoch ist es wahr, die Zeiten waren früher besser. Ich weiß noch, wie wir als Grundschulkinder alleine zur Schule gelaufen sind. Das war damals selbstverständlich. Heute würde ich als Eltern vor Angst durchdrehen.

Es ist schon beschissen genug, dass sich meine betagten Eltern noch immer um ihren fast sechzigjährigen Sohn Sorgen machen müssen. Wenn der Mutter oder dem Vater etwas zustößt, ist es für jedes Kind sicherlich schlimm. Dennoch ist es normal, dass Eltern vor den Kindern gehen. Aber wenn du dein Kind leiden siehst, ist es die Hölle auf Erden. Meine Eltern habe ich durch diese Hölle leider zu oft gejagt. Sei es mit meinem Autocrash, der Krebsdiagnose oder all den anderen Krankheiten. Die Liste ist lang. Dass ich ihnen jetzt auch noch die COPD-Diagnose zumute, bricht mir das Herz. Das ist härter für mich als die Krankheit an sich. Das einzig Gute ist: Meine Familie weiß, was für ein zäher Hund ich bin und dass mich so leicht nichts umhaut. Sie wissen, wie stark ich bin. Und meine Aufgabe ist es, stark zu bleiben. Wenn du deiner Familie das Gefühl gibst, dass es dir gut geht, dann sind die Sorgen nicht zu groß. Darum jammere ich nicht oder suhle mich in Selbstmitleid. Darum lebe ich so weiter, als wäre ich nicht krank. Mein Sohn schüttelt zwar jedes Mal den Kopf, wenn ich zur Zigarette greife: »Papa, hör halt mal auf zu rauchen.« Aber ich sage: »Nein, warum? Lass mich einfach rauchen. Es ist viel schlimmer, wenn ich aufhöre zu rauchen und zu einem Nervenbündel werde.«

Ich brauche das. Ich will das. Ich rauche gerne. Ich trinke gerne. Wenn ich Lust habe, haue ich zwei Pullen Rotwein weg. Ich trotze diesen Krankheiten. Das ist meine Art, mich zu wehren und meine Familie zu beschützen.

Immerhin lasse ich die Kokserei. Auch wenn ich ehrlicherweise sagen muss, dass dich diese Droge nie ganz loslässt. Wer sich das Zeug so wie ich über 30 Jahre lang reinballert, der kommt davon nicht mehr los. Diese Sucht, oder wie man das auch nennen will, schwirrt einem immer im Kopf rum. Überall gibt es Impulse. Du musst nur einen Film ansehen, irgendeinen Actionfilm, in dem es um Drogen geht, da reicht schon eine kleine Szene, und schon hast du Schweißperlen auf der Stirn. Selbst bei jedem Klodeckel schießen dir Bilder ins Hirn. Das Koks macht dich nicht körperlich abhängig, sondern psychisch. Für mich gehörte früher Koks zum Alltag wie Kaffeetrinken, so etwas verschwindet nicht über Nacht. Bei niemandem. Ich erkenne darum einen Kokser auf einen Kilometer Entfernung – und ich mache rechtzeitig einen riesigen Bogen um ihn. Ich weiß, wie schwer es ist, nein zu sagen, wenn dir jemand Koks anbietet, vor allem wenn du etwas getrunken hast und sowieso in Feierlaune bist. Deswegen hatte ich selbst so viele Rückfälle, weil du in so einem Moment wehrlos bist. Dein kompletter Körper schreit nach der Droge, so lange, bis du nachgibst. Genau darum lasse ich es gar nicht so weit kommen. Ich bin weg von diesem Stoff, nicht weil ich von der Sucht weg bin, sondern weil ich ihn tunlichst vermeide. Auch dank Simone. Abgesehen davon würde ich solche Exzesse allein wegen der COPD und meinen drei Bypässen nicht mehr durchstehen. Das würde mich umbringen. Also lernst du, davon Abstand zu nehmen …

Dafür ballere ich mich jetzt täglich mit Antidepressiva voll. Das ist wie ein Rausch auf Rezept, den zahlt sogar die Krankenkasse. Hätte ich das früher gewusst, hätte ich mir einen Haufen Geld gespart. Stell dir mal vor, du gehst zu deinem Dealer und fragst: »Hey, gibt's das Koks auch von Ratiopharm?« Geil, oder? Aber Spaß beiseite, die Tabletten helfen mir. Ich bin depressiv, seit ich ein kleiner Junge bin. Nur wusste das damals keiner. Ich selbst hatte auch keine Ahnung. Ich war eben ein stilles Kind, introvertiert und abwesend. Ein »Träumerle«, wie man im Badischen sagt. In der Schule starrte ich immer nur Löcher in die Wand. Nur die Musik konnte mich aus diesem Seelentief locken. Ich spürte zwar, dass mit mir etwas nicht stimmte. Aber ich schob es auf die Scheidung. Darauf, dass ich so sein wollte wie mein Vater, es mir aber nie gelang. Erst mit über 30, während meiner ersten Therapie, erfuhr ich, dass ich Depressionen hatte. Noch viel später wurde diagnostiziert, dass meine Depressionen genetisch bedingt sind. Ich bin depressiv und kämpfe bis heute mit dieser Traurigkeit. Wenn ich mich zurückerinnere, hatte auch meine Mutter immer diese traurigen Augen. Ich habe sie geerbt und ihre depressive Veranlagung gleich mit. Im Nachhinein fügt sich das alles zusammen wie so ein Puzzle.

Meine Unfähigkeit, etwas durchzuziehen, weil mir irgendwann die Kraft ausging, diese Zerrissenheit, diese Selbstzweifel, die mich auffraßen – all das hat mit der Depression zu tun. Es ist wie ein Kampf gegen dich selbst. Bis ich das kapiert habe, hat es leider ein Weilchen gedauert. Auch diese Anziehungskraft des Todes oder gar die Todessehnsucht hat mit meinen Depressionen zu tun. Weil du in dir nur diese verdammte Leere spürst und nicht weißt, wie du sie füllen sollst.

Da sind wir wieder bei den Drogen. Wenn ich mir eine Nase Kokain gönnte, war jedwede Melancholie verschwunden. Allerdings schlugen die Depressionen dann am nächsten Tag doppelt so stark zurück. Was normal ist. Wenn die Droge und damit das Glücksgefühl nachlässt, fällst du erstmal in ein Loch. Bei Depressionen ist diese Wirkung gefühlt hundertmal so hoch. Du fühlst dich mit Drogen unbesiegbar, und am nächsten Tag schaffst du es nicht mal mehr aus dem Bett. Trotzdem bin ich dieses Risiko eingegangen. Ich wollte diese dunklen Wolken über meiner Seele vertreiben und sei es nur für einen kurzen, schönen Moment. Für diesen Glücksrausch habe ich alles in Kauf genommen. Und fast alles dadurch verloren.

Ich habe mich erst vor knapp zehn Jahren wirklich intensiv mit diesem Thema beschäftigt und mir dementsprechend professionelle Hilfe geholt. Ich habe mich neurologisch untersuchen lassen und ich bin zur Therapie gegangen. Diese Bücher über Borderline verschlinge ich deshalb so sehr, weil ich mich in diesen Symptomen präzise wiedererkenne. Borderliner sind impulsiv und leben in einer instabilen emotionalen Welt. Auch dieses ausgeprägte Schwarz-Weiß-Denken ist typisch. Schließlich ließ ich mich davon überzeugen, dass Gespräche an sich nicht ausreichen. Dass es besser wäre, medikamentös nachzuhelfen. Das tat ich und tue es bis heute. Seit 2012 schlucke ich jeden Morgen brav meine Antidepressiva, solche Serotonin-Wiederaufnahme-Hämmer. Seither bin ich ein zufriedener Glückskäfer. Ein süchtiger Glückskäfer, muss ich dazu sagen. Denn diese Medikamente machen hochkarätig abhängig. Aber das ist das kleinere Übel. Ohne diese Pillen geht's mir beschissen, da falle ich sofort wieder in alte Tiefs. Mit den Pillen dagegen geht's bisher aufwärts.

Mein neues Album »Gesegnet & Verflucht« ist dafür der beste Beweis. Es scheint wohl das erfolgreichste Album meiner gesamten Karriere zu werden. In den ersten drei Monaten haben 1,7 Millionen Menschen das Video auf YouTube angeklickt, das ist schon eine Hausnummer, vor allem, wenn ich mir die Zahlen meiner letzten Videos so ansehe. Das Ganze prescht gerade ziemlich nach vorne. Was mich besonders stolz macht, ist die Tatsache, dass ich dieses Album auf eigenes Risiko produziert habe. Ich wollte wenigstens einmal ein Album machen, so wie ich es will. Bei dem mir keiner reinquatscht und mir sagt, was ich zu tun habe oder nicht. Früher war ich viel zu oft eine Marionette der anderen. Wenn mir jemand gesagt hat: »Mach dies und das«, dann habe ich das gemacht. Aber diese Zeiten sind vorbei. Heute schreibe ich meine Songs und Texte ausschließlich selbst und verstehe mich als Künstler. Mir ist Geld auch egal. Mir geht es um die Kunst, darum, etwas zu schaffen. Alle Ideen zu diesem Album stammen in der Tat ausschließlich von mir.

Bei der Umsetzung habe ich mir mit Metal-Produzent Chris Harms die beste Unterstützung ins Boot geholt, die ich mir hätte wünschen können. Die Wege von Chris »The Lord« Harms und mir hatten sich 2019 per Zufall gekreuzt. Chris ist Sänger und Gitarrist von »Lord of the Lost«, ein Vollblutmusiker, der Bock darauf hat, geile Sachen umzusetzen. Als ich ihm erklärte, dass ich gerne rockiger werden würde, war er sofort Feuer und Flamme. Mit Chris und seinem Team gelang mir der Sprung weg aus dem Schlager-Genre. Chris half mir dabei, jeden Song ein bisschen zu optimieren, ihn kantiger klingen zu lassen. Wenn jemand an meinem Song rumschraubt und ihn dadurch besser macht, wäre ich doof, das nicht anzunehmen. Ich bin sowieso nicht der Typ, der alles unbedingt alleine machen muss. Mein Name muss nicht überall alleine dastehen. Ich teile gerne, auch den Erfolg, und dieses Album ist eine echte Teamarbeit.

Was ich an diesem Album so mag ist, dass es authentisch ist. Ich singe nicht einfach irgendwas, sondern ich singe ausschließlich aus meinem Leben. Dieses Album beschreibt mein Leben, dieses Album bin ich. Jeder dieser 13 Titel steht für einen bestimmten Abschnitt in meinem Leben. »Colonia« für meine Heimat Köln. »Romeo & Juliet« für meine Liebe zu Simone. »Gesegnet & Verflucht« für meinen schicksalhaften Lebensweg an sich. Insbesondere diese Zeilen »Wenn du oben bist, ist alles einfach. Wenn's nach unten geht, bezahlst du dreifach« fassen meine Karriere in zwei Sätzen erschreckend brutal zusammen. Das hier ist das Album eines Mannes, der seit 40 Jahren in diesem fucking Business ist. Und der sein Leben gelebt hat.

Ich habe noch nie ein besseres Album gemacht. Es ist mein Lebenswerk, aufgenommen im Sommer 2020 in den Hamburger Chameleon Studios – einem äußerst geschichtsträchtigen Ort vor mich. Denn genau hier, vor 38 Jahren, startete meine Karriere mit »Jenseits von Eden«. Das war damals der Anfang. Mein Ende ist zwar noch nicht gekommen, aber es ist vielleicht tatsächlich mein letztes Album, je nachdem, wie viele Tage mir die COPD noch schenkt. Meine ganze künstlerische und musikalische Entwicklung der letzten Jahrzehnte spiegelt sich in diesen Liedern wider. Dass ich sie jetzt auch wieder in den Chameleon Studios aufgenommen habe, ist meine Art abzuschließen. Ein super Omen, wie ich finde.

Es heißt zwar, dass die Zeit alle Wunden heilt. Doch das ist Bullshit. Wenn du dein Leben weiterleben willst, musst du dich damit abfinden, dass du die Vergangenheit nicht mehr ändern kannst. »Die Zeit heilt keine Wunden« ist daher vielleicht mein ehrlichster Song auf diesem Album. Ich habe Menschen verloren, die ich liebte. Und ich bezweifle manchmal, ob es den da oben wirklich gibt. Falls doch, hat er oder sie einen ziemlich schwarzen Humor. Wenn ich also singe: »Was geschehen ist, ist geschehen. Aus Wunden werden Narben. Du wirst sie immer sehen«, dann genügt allein ein Blick auf meine riesige Narbe vom Hals ab bis zum Bauchnabel, um zu verstehen, dass jedes Wort davon die bittere Wahrheit ist.

Ein Teil der Videos für mein Album sind in Sachsen auf der Radebeuler Friedensburg entstanden, ein Stück nordwestlich von Dresden. Eine mittelalterliche Burganlage mit den Niederlößnitzer Weinbergen im Hintergrund. Eine atemberaubende Kulisse über dem Elbtal. Diese tiefen Gewölbe- und Weinkeller passen perfekt zu meinem neuen Image als Fürst der Finsternis. Dass ich hier drehen durfte, verdanke ich meinem Freund Oliver Kreider. Er ist ein Immobilienmogul und wird gerne als »Sonnenkönig von Radebeul« bezeichnet. Ein Selfmade-Multimillionär, der mit Anfang 20 von Hessen nach Sachsen umsiedelte, um dort sein Glück zu versuchen. Olli hat mir mal erzählt, dass er als Autohändler, T-Shirt-Produzent und Weihnachtsbaumverkäufer jobbte, bis er schließlich erst in Autos machte, dann in Spielautomaten und schließlich in Immobilien. Die vier Millionen Euro teure Friedensburg gehört seit Jahren ihm. Das ist seine Residenz. Und er bot mir, ohne zu zögern, seine Burg für meinen Videodreh an. Und weil eine Hand nun mal die andere wäscht, spielt seine Freundin Susanna in meinem Musikvideo mit. Aber ich hätte es auch so gemacht, weil Susanna eine tolle Frau ist und dazu eine erstklassige Schauspielerin.

Ich hatte mir im Vorfeld schon unzählige Gedanken über die Videodrehs gemacht und dabei das Feld quasi von hinten aufgerollt. Ich hatte anfangs keine Ahnung, wie die Videos zu »Gesegnet & Verflucht« und bei »Zeit heilt keine Wunden« aussehen sollten. Ich wusste nur, wie sie NICHT aussehen sollen. Das ist in der Tat viel entscheidender – zu wissen, was du nicht willst. Alles andere ergibt sich. Und ich habe mir dazu einen Regisseur gesucht, mit dem ich bereits gearbeitet hatte. Von dem ich wusste, dass zwischen uns die Chemie zu einhundert Prozent stimmt. Das ist für mich die Grundvoraussetzung. Wenn's gut werden soll, dann musst du unbedingt auf derselben Wellenlinie liegen, damit du gemeinsam spinnen kannst, dir die Bälle hin- und herjonglieren kannst.

Das war bei Chris Harms und mir genauso, wir haben uns erstmal getroffen und beschnuppert, ob es überhaupt funktioniert. Und darum kam für mich als Regisseur auch nur Holger

Menzel in Frage. Holger, der von allen nur Holly gerufen wird, ist auch gelernter Schauspieler. Er kennt beide Seiten, wie du vor und hinter der Kamera zu agieren hast. Das macht seine Arbeit so einzigartig. Dazu hat Holly das Talent, selbst aus einer Low-Budget-Produktion das Beste herauszuholen. Ich habe das selbst erlebt und war begeistert.

Die Rede ist von einem Videodreh mit meinem Kumpel Dave Kaufmann. Wir hatten die alte Nummer »Just a Gigolo« 2018 als Duett aufgenommen. Dave ist der Sohn des Schauspielers Günther Kaufmann und mit einer unglaublich schönen Stimme ausgestattet. Er beherrscht vor allem die Swing-Nummern von Dean Martin, Bing Crosby oder Frank Sinatra. Dave hatte die Idee, den »Gigolo«-Hit neu zu interpretieren, eben als Duett. Und da er einen Kontrast zu seiner Stimme brauchte, ist ihm meine Röhre in den Sinn gekommen. Dave meinte, er habe dabei sofort an mich gedacht. Wir waren alte Kumpels und als er fragte, ob ich auf diese Nummer Lust hätte, musste ich nicht lange überlegen. Das Video wurde von Holly in einer alten Lagerhalle inszeniert. Mit Graffiti an den Wänden, alles sehr dunkel gehalten, dazu 'ne witzige Story. Diese Zusammenarbeit war das reinste Vergnügen, sowohl mit Dave als auch mit Holly.

Schließlich war es Simone, die Hollys Namen ins Spiel brachte. Sie kannte das »Gigolo«-Video und sie wusste, dass ich auf der Suche nach einem Regisseur war. Irgendwann meinte sie: »Warum machst du es eigentlich nicht mit Holly?«, und ich dachte nur: »Hey, scheiße, verdammt: JA!« Also rief ich Holly an und schickte ihm den Titel »Gesegnet & Verflucht«. Wir waren uns sofort einig, jetzt musste ich ihn als Wunschkandidaten nur noch bei der Plattenfirma durchboxen. Schließlich hatten auch die ihre ganz eigenen Vorstellungen und dementsprechend ihre Leute in petto. Aber dieses Album sollte so werden, wie ich es will. Ich ließ mich darum weder bei Chris Harms auf irgendwelche Diskussionen ein, ebenso wenig bei Holly Menzel. Ich weiß noch, dass meine Plattenfirma erst zustimmte, aber kurz darauf erwartungsvoll nach einem Drehbuch fragte. Viele Labels arbeiten so, und daran ist auch nichts auszusetzen, aber das bin nicht ich. Es muss nicht immer alles in Stein gemeißelt sein, es braucht nicht immer den einen akribisch ausgearbeiteten Plan A oder Plan B oder Plan C. Ich hasse es, so arbeiten zu müssen. Das schränkt dich nur in deiner Kreativität ein. Ich sagte also zu Holly: »Hey, du bist drin. Aber die wollen ein Drehbuch!« Und er: »Hast du denn eins?« Ich: »Scheiße, nein. Ich will auch keines.« Und er: »Okay, dann lass uns doch erst mal die Location checken und schauen, was uns beiden einfällt.«

Natürlich braucht es irgendein grobes Konzept, beziehungsweise einen roten Faden, um einen Videodreh vernünftig durchzuziehen. Aber ich bin ein Mensch, der sich seine Ideen vor Ort holt, der spontan ist und handelt. Holly tickt genauso. Und wenn es dann losgeht, spielt ein Drehbuch in der Regel sowieso keine Rolle. Der Erfolg gab uns recht. Bei »Gesegnet & Verflucht« haben wir mit dem Wechsel zwischen dem in Gold ausgeleuchteten Casino und den Schwarz-Weiß-Aufnahmen vor den Plattenbauten einen Wahnsinnskontrast geschaffen. Bei »Zeit heilt keine Wunden« diente der Gewölbekeller der Friedensburg als perfekte düstere Kulisse. Gerade die Anfangssequenz zwischen Rauch und der Cellospielerin hättest du nicht besser inszenieren können. Aber dazu braucht es nicht zwingend ein Drehbuch, sondern diesen einen Blick für das Besondere.

Apropos Blick fürs Besondere: Wer sich die neuen Videos angesehen oder auch meinen Instagram-Kanal verfolgt hat, dem sind sicherlich meine neuen Tattoos aufgefallen. Ich habe mir beiden Handrücken im Sommer 2020 verzieren lassen. Auf der rechten Hand steht »Blessed«, auf der linken »Cursed«. Auch hier hatte ich übrigens kein genaues Konzept ausgearbeitet. Ich trage die Textidee zu »Gesegnet & Verflucht« schon seit einigen Jahren mit mir herum. Es gibt sogar zwei, drei verschiedene Versionen des Liedes, nur schien mir bislang keine richtig. Als ich im besagten Chameleon-Studio gemeinsam mit Chris Harms die jetzige Version von »Gesegnet & Verflucht« produzierte und ich während des Einsingens meine Hände am Mikrofon sah, wusste ich, was zu tun ist. Ich habe ja lange in Hamburg gelebt, und in der Straße, in der ich gewohnt hatte, hatte mein Lieblings-Tattoo-Künstler seinen Laden. Sobald der Song im Kasten war, machte ich mich auf den Weg zu meinem Tätowierer und erklärte ihm meine Vision. Die Worte »Gesegnet« und »Verflucht« sind für mich mehr als nur ein Song- beziehungsweise ein Albumtitel. Sie beschreiben mein Leben. Deswegen wollte ich dieses Statement auf meinen Händen tragen. Und es passt ja jetzt auch wunderbar zu meinem Album, zur Musik, einfach zu dem Menschen, der ich geworden bin, nach all den Höhen und Tiefen. Wieso ich mich für die englischen Wörter »Cursed« und »Blessed« entschied, hat dagegen eher pragmatische Gründe. Es sind weniger Buchstaben. Auf Deutsch wäre es zu klein geworden, da hätte man es schlechter lesen können. Zudem finde ich, dass es englisch schlicht besser klingt.

Und hier sind wir wieder beim Thema »Wellenlänge«. Die finalen Versionen meiner Tattoos sind während des Brainstormings im Tattoostudio entstanden. Die Tattoos an sich dauerten keine drei Stunden mehr. Kleine Warnung: Die Haut am Handrücken ist sehr dünn. Man kann hören, wie die Nadel immer wieder auf die Knochen hämmert. Klick, klick, klick, klick. Das sind Höllenschmerzen. Aber das war es mir wert!

Zudem: Wenn ich nun Hand in Hand mit Simone durchs Leben laufe, meine rechte Hand mit ihrer linken verschmolzen, kann jeder sehen, wie »gesegnet« ich mit dieser Frau bin.

Wie meine Zukunft aussehen wird? Ganz ehrlich: Keinen Schimmer! Ich werde die nächsten Jahre damit verbringen, mit Simone verdammt glücklich zu sein. Basta!

Okay, einen Traum habe ich tatsächlich noch: Ich sehne mich schon lange nach einem Häuschen am Meer, für Simone und mich. Ich fühle mich hier im Allgäu wirklich wohl, keine Frage, aber aufs ganze Jahr betrachtet ist es schon verdammt kalt hier in Alpennähe. Vom Auswandern will ich gar nicht reden. Aber die Hälfte des Jahres im warmen Süden zu verbringen, das würde mir schon gefallen. Und wir wären ja nicht aus der Welt. Wenn du von uns aus 600 Kilometer runter in den Süden fährst, dann bist du ja bereits am Meer. Irgendwo an der Adria, zwischen Venedig und Triest, gäbe es sicherlich einen schönen Platz für uns. Auch Slowenien ist ein Sehnsuchtsort von uns. Da gibt es eine kleine Stadt namens Piran, die auf »Salz gewachsen ist«, wie die Einheimischen sagen. Die Salinen-Felder haben das Städtchen berühmt gemacht. Piran sieht aus wie eine Postkarte mit seinen bunten Fassaden und dieser historischen Stadtmauer. Ob wir dort ein Häuschen finden, ist allerdings fraglich. Schön wäre es allemal. Wir strecken auf jeden Fall schon unsere Fühler aus. In den nächsten fünf Jahren wollen wir diese Idee in die Tat umsetzen – zumindest, wenn Gott will. Meine Mutter sagt das immer: »Wenn Gott will«, und damit hat sie recht. Der da oben macht die Regeln. Also, wenn Gott mich trotz meiner COPD noch ein paar Jahre hier unter auf der Erde lässt, dann will ich Simone meinen Traum vom Süden zeigen.

Und ich weiß, dass wir es lieben werden. Die Wärme, die salzige Luft, das Essen. Das würde auch meiner Gesundheit guttun. Wir würden morgens über den Markt gehen oder durch eine dieser typischen Markthallen bummeln, dann würden wir uns etwas Leckeres zum Essen kaufen, wir würden kochen, grillen, abends ein Gläschen Wein trinken … es uns einfach richtig gut gehen lassen. Wir würden am Strand spazieren gehen, ich würde komponieren, texten und jede freie Minute mit meiner Frau genießen. Wenn ich manchmal die Augen schließe und vor mich hinträume, dann sehe ich genau dieses Bild vor mir. So scharf und detailgetreu, dass ich es malen könnte. Ich sehe Simone und mich am Meer. In eben solch einem rustikalen Häuschen irgendwo am Strand. Unsere Kinder kommen zu Besuch. Vielleicht meine Eltern … ja, das ist mein Traum.

Eines meiner Lieder auf dem Album heißt »Angel Lost in Paradise«. Als dieser verlorene Engel, so fühlte ich mich mein Leben lang. Doch so oft, wie ich in diesem Dasein bereits verflucht wurde, finde ich, dass ich zumindest gegen Ende einen »göttlichen Segen« verdient hätte. Jenseits von Eden war ich zur Genüge, es wird Zeit fürs Paradies.

TIPP 10

Ich hatte mir ja vorgenommen, jedes meiner Kapitel mit einer Art Lebensweisheit zu beenden. Solche klugen Ratschläge mögen gut gemeint sein und sind sicherlich auch hilfreich. Aber am Ende des Tages geht es nicht darum, ob du ein gelehriger Mensch gewesen bist, sondern ob du glücklich warst. Nur das zählt. Du allein musst deinen Weg so gehen, dass du beim Zurückblicken mit einem breiten Grinsen im Gesicht sagen kannst: »Was ein geiler Ritt!«

Ich habe gelebt, geliebt, gelacht und ja, ich hatte wahrlich ein tolles Leben. Wenn der Tag der Tage kommt, sind das genau die Worte, die ich sagen werde. Ich bereue nichts, ich habe keine offenen Wünsche mehr auf meiner »Bucket List«. Bis auf mein Häuschen am Meer vielleicht, aber auch ohne dies war mein Leben erfüllt. Wenn ich heute auf mein Leben zurückblicke, dann muss ich sagen, dass ich verdammt viel falsch gemacht habe. Aber eben auch verdammt viel richtig. Darauf bin ich stolz.

Ich hatte bereits am Anfang erwähnt, dass ich in diesem Buch meine Ex-Frauen außen vor lassen möchte, aus Respekt. Aber eine Nino-Autobiografie ganz ohne Frauengeschichten, das ist wie Brot ohne Salz. Kann man machen, ist aber kacke. Es wird nur dieses eine Buch über mich geben, und es wäre ohne meine Liebe zu den Frauen schlicht unvollständig.

Bei schwierigen Themen hole ich mir immer die Musik zu Hilfe. Und wie könnte ich besser über meine gefühlt 3000 Frauengeschichten erzählen als in einer Art Liedtext:

Der Duft der Frauen

Sie sind unersetzbar, sie schenken uns Kinder.
Sie zeigen uns den Himmel, sie schicken uns in die Hölle.
Frauen sind etwas ganz Besonderes.
Jede Frau ist einzigartig.
Und jede ist im Stande, einen Mann zu zerstören,
ist er auch noch so stark.
Er hat gegen die Artillerie einer Frau keine Chance!
Ich war 16 Jahre alt und hatte keinerlei Erfahrungen mit Frauen.
An einem Rosenmontag in Köln war es dann soweit.
Sie war 40 und ein Weib, wie es weiblicher nicht geht.
Sie nahm mich, im wahrsten Sinne des Wortes, zu sich
und ich wusste nicht, wie mir geschieht

Ich hatte Angst, ich war überfordert.
Es ging alles ziemlich schnell, ich wollte nur weg.
Sie rief noch: »Komm zurück!«
Doch ich musste raus aus dieser Situation,
und ich bin geflohen.

Die nächste Erfahrung mit dem göttlichen Wesen:
Sie war 36 und ich immer noch 16.
Ihre Wohnung lag auf meinem Schulweg.
Ich war während dieser Zeit selten in der Schule,
ich zog es vor, meinen Unterricht auf Sex zu beschränken.
Sie war schön und leidenschaftlich.
Und sie zeigte mir das Paradies.
Bis ich sie eines morgens in ihrem Bad erwischte,
als sie dabei war, sich einen Schuss zu setzen.
Ich zog mich an und rannte davon – schon wieder!

Irgendwann war ich keine 16 mehr.
Und trotzdem gab ich mich jeder Frau hin, die mir gefiel.
Sex war wie eine Droge für mich.
Ich wollte immer weiter und immer mehr.
Dann lernte ich die Mutter meiner Kinder kennen.
Das war das erste Mal, dass mir Liebe begegnet ist.
Liebe, die unendlich zu sein schien.
Sie wurde die Mutter meine Kinder.
Doch ich konnte es leider nicht lassen, andere Frauen anzufassen
und so ging unsere Ehe in die Brüche.